文海峰　夏梦雯　编著

商标实用策略

知识产权出版社
全国百佳图书出版单位
—北京—

图书在版编目（CIP）数据

商标实用策略/夏海峰，夏梦雯编著. —北京：知识产权出版社，2023.3
ISBN 978-7-5130-8604-2

Ⅰ.①商… Ⅱ.①夏… ②夏… Ⅲ.①商标法—研究—中国 Ⅳ.①D923.434

中国国家版本馆 CIP 数据核字（2023）第 000401 号

内容提要

商标作为一种知识产权，其注册使用与权益维护以及无形资产价值提升，是一个严谨的系统工程，它遵循着一套严格的法律程序。本书以《商标法》为蓝本，系统地对应佐证相关商标依法使用案例，以案说法，将专业知识进行通俗化解读，为商界读者答疑解惑。

责任编辑：张利萍　　　　　　　　　责任校对：谷　洋
封面设计：杨杨工作室·张冀　　　　责任印制：刘译文

商标实用策略

夏海峰　夏梦雯　编著

出版发行：知识产权出版社有限责任公司	网　　址：http://www.ipph.cn
社　　址：北京市海淀区气象路 50 号院	邮　　编：100081
责编电话：010-82000860 转 8387	责编邮箱：65109211@qq.com
发行电话：010-82000860 转 8101/8102	发行传真：010-82000893/82005070/82000270
印　　刷：天津嘉恒印务有限公司	经　　销：新华书店、各大网上书店及相关专业书店
开　　本：787mm×1092mm　1/16	印　　张：13.75
版　　次：2023 年 3 月第 1 版	印　　次：2023 年 3 月第 1 次印刷
字　　数：215 千字	定　　价：78.00 元
ISBN 978-7-5130-8604-2	

出版权专有　侵权必究
如有印装质量问题，本社负责调换。

序一

商标的价值：用则立，不用则废

商标的本质属性是"资产"

在经济活动中，商标的作用是显而易见的。关于商标的定义，可从不同角度的价值属性专业表述给出。比如：

商标是一种商品和服务声誉的文化符号；

商标是一种法律赋能的经济资源；

商标是一种独占性的知识产权；

商标是一种可以增值的无形资产。

如果对这些定义进行归纳，应该说"商标是无形资产，是财富"。

今天我们生活在一个商标无处不在的时代，拥有商标意味着拥有财富价值。

商标的价值在于使用

商标的资产属性有别于其他收藏性或储备性的资产，商标必须在动态的使用中才会有可评估的资产价值。

商标使用是商标存在的根本目的，商标使用是商标的生命力所在，商标使用更是法律的基本要求。也就是说，商标的注册和保护是基于使用，所以保护商标权的根本精髓在于保护其合法的使用。

商标价值的前提也是使用，用则立，不用则废。不使用的商标一文不值。而依法使用，是商标在使用中的权利维护和价值提升保障。

如果将商家和企业的经营比喻成旋转的物体，那么商标就是这个旋转物体的"轴心"，如果没有这个轴心，物体的旋转就会失灵，商家和企业的经营就不会兴盛，就不会长久。商标在商业经营中的轴心价值，其本质就是商标的使用价值。企业利润增长，企业市场扩张，企业兼并整合，企业做大做强，企业做优做久，落脚点都在商标的使用上。

从这个意义上讲，商标的使用既需要思考商标实用策略，同时也需要谋划商标品牌战略。在现实的经济活动中，商标的使用是一项非常严肃的经营行为，这是基于商标的知识产权属性。商标作为知识产权成果受到《中华人民共和国商标法》（以下简称《商标法》）及相关法律法规的保护和制约。

商标的使用是一门科学

商标的使用是一个系统工程。商标的使用并非简单地"把商标贴在商品包装上"。广义上的商标使用，既包括使用前有经营目的的商标设计创意，也包括商标的申报注册技巧；既包括商标标识的合法规范，也包括商标品牌宣传策划；既包括普通商标的独立使用，也包括集体、证明商标的规范许可使用；既包括利用商标为产品或服务拓展市场的过程，又包括依法为自身的品牌利益维权的行为。

商标的使用是重要的经营战略。无数经验教训证明，商标使用得当，商品可升值，企业可以随之持续发展。商标使用不当，不仅可导致商品贬值，利润下降，甚至会带来法律风险，阻碍企业发展。

商标的使用有策略可循

商标作为经济活动中的一项知识产权营销工具，在依法使用中是有既定的策略可循的，谁把握好了这套正确的策略和科学的方法，谁就会成为商界的赢家，否则就只能沦为商界的失败者。

《商标实用策略》是夏海峰先生积三十余年专业工作经验，将自己对商标依法使用的理解和实践操作进行的系统化的梳理和总结。书中所列举的大部分案例，都是作者亲自参与运作的商标依法使用案例。这对于读者而言更有专业说服力。

《商标实用策略》读本的价值，在于作者以《商标法》为蓝本，系统地对应佐证相关商标依法使用案例，为商界读者答疑解惑。书中分别以基础知识、攻防策略、品牌升值三个章节对商标使用进行系统阐述，通俗易懂，实在且实用,使读者对商标知识产权价值和商标依法使用规范有一个清晰的了解。

更可贵的是,《商标实用策略》的作者之一夏海峰先生是一位老"工商人"。他从工商行政管理基层工作干起,长期与商标业务打交道,在不断的勤勉学习与亲身实践中逐渐成为商标业界的知识产权专家。从本书"附录"中收录的多篇涉及商标个案的文章,也可以看出这位老"工商人"从未中断对各类商标客观现象的观察与思考。

本书以"商标实用策略"为主题,着重以商标依法使用案例进行专业解析,力求使商界读者对商标依法使用有一个比较全面的感性与理性的认识,从而使自己的商标价值"轴心"意识有一个明显的提升,并主动地运用好商标知识产权独特价值,有效挖掘自己身边的无形资产金矿。

相信《商标实用策略》对于商界读者一定会开卷有益。

吴汉东:中南财经政法大学文澜学院资深教授,中国知识产权法研究会名誉会长

序二

"拿来主义",碎片化整合:只为呈现新价值

商标,作为商品或服务引导消费者认知的标记,在市场的交易活动和人们的日常生活中,几乎每天都有人在关注和讨论。关于商标依法正确使用的话题及文章,打开网络或翻开专业书籍,也都可以找得到。

然而,客观上这些话题或文章却存在着"碎片化"的状态。有相关专业知识需求的读者,只能带着当下的某个问题,上网或翻书"就事问事"。这种方式,虽然便捷,但总有点"临时抱佛脚"的感觉。

商标问题,是一个专业性很强且法律规范很严谨的问题。尤其是在竞争激烈的市场上打拼的企业界人士,所关注的应该是系统性的问题,而不仅是面对临时出现的个体性问题头痛医头、脚痛医脚。

从商标业务需求的角度看,迄今为止,市面上尚缺少一部较为系统性的、对照《商标法》法条阐述商标依法正确使用的指导读本。

由夏海峰、夏梦雯父女合作编著的《商标实用策略》将要出版了,值得祝贺!

从该书的内容看,《商标实用策略》并非表达原创观点的著作,而是采取"拿来主义",将网络可见的"碎片化"内容进行有序整合,按照"实用"原则集结成的具有"指南"意义的新读本。

从传播学角度看,所谓"拿来主义"和"碎片化整合",其实就是笔者在《第二传播——广告策划与实施的再传播策略》(武汉大学出版社2005年8月出版,作者周涧)的书中所阐述的"第二传播"方法。

"第二传播"的学术定义是:"用再传播的形式将有价值的资讯转换成

新的价值。"

用"拿来主义"和"碎片化整合"的方法，将原有的有价值的资讯进行"再传播"，转换成新的价值——实用。

当然，"第二传播"或曰"再传播"，在表达形式上看似非常简单，好像就是一种原有资讯的重复传播。其实，符合"第二传播"学术原则，还需要突出两个"内核"，这就是创新和创意。只有同时具备了创新和创意两个内核要素，初始资讯的重复再传播才能完成新价值的转化。

《商标实用策略》文本表达的创新，在于它将碎片化的资讯进行整合，并分别以基础知识、攻防策略、品牌升值三个章节，对照《商标法》有关法条进行归纳总结并系统阐述，将模糊的概念清晰化和条理化，从而使读者对商标知识产权价值和商标依法使用规范，有一个比较全面的感性与理性的认识。

"附录"中收录了作者2005—2022年在全国各级媒体发表的多篇商标业务文章，其中《一千万买来的噩梦——"智强"商标转让权属纠纷案调查》《真假"周黑鸭"斗法——"周黑鸭"商标权益纷争调查》《麻塘名医誉天下——咸宁市麻塘风湿病医院品牌发展传略》等文章，分别在《中国工商报》《中华商标》上被全文刊载；《案例说法："樱花"商标权属诉争引发的思考》一文在中国市场监管局新闻网上被节选发表。

把不同时间段的零散文章汇编整合在一起，又产生了新的文本意义。即通过"记录商标人的观察与思考"，彰显两代商标人深深的商标事业情怀和对商标事业持之以恒的专注与作为。

《商标实用策略》文本表达的另一创意之处，在于作者运用口语化的表述对商标专业知识进行通俗解读。比如"佛要金装　好商标是精心设计出来的""进山先探路　注册申请商标事先查询的七种方法""经营先吃定心丸　商标注册的五大利好""别把定时炸弹埋身边　商标不注册的三大危害""鸡鸭不同笼　搞懂商标类似群组的关系""车同轨不同　莫将商标当商号""水来土掩　商标被异议的应对之方""上兵伐谋　认真把握好商标'撤三'的攻防策略""我的地盘我做主　被外地人在先注册的地名商标诉争依据""使用才是硬道理　未注册商标也可以申请驰名商标认定"……这些口语化的语言通俗易懂，使得枯燥单调的商标法律条文变得鲜活可感了。

《商标实用策略》读本遵循"第二传播"学术创新与创意的内核原则，通过接地气的生活语言表述，以案说法，将专业知识进行通俗化解读，系统完整，实例丰富，兼具指导性和实用性。

笔者认为，《商标实用策略》所呈现的文本新价值，不仅在于填补了当前市场上商标使用工具书空白；同时从传播学意义角度看，它还是一本生动的《商标法》普法教案。

周涧：实用传播学研究学者，传播学新论"第二传播"原创者

导　言

从一个很久以前的故事讲起。

宋朝时期,以"收买上等钢条,造功夫细针"为广告内容的济南刘家功夫针铺比较出名,常年顾客盈门。远近的顾客都是通过记认一个"捣药的白兔儿"找到刘家功夫针铺的。因为这家店铺门前有一个"白兔捣药"图案的招牌。"白兔捣药"是一个吉祥图案,月中白兔是嫦娥仙子的化身,而白兔所捣药物是长生不老仙药。商家借用神话传说"玉兔捣药",来寓指生意瑞祥兴隆和带给客户的美好祝福。

当代商标研究者将这个店铺记认的"白兔捣药"图案,称为中国最早的商标(见图0-1)。

图0-1　"白兔捣药"商标

商标,是区别商品或服务来源的一种标记,我国俗称商标为"牌子",商标的本质作用是区别商品的来源或服务的提供者。

从知识产权角度，商标又是一个专门的法律术语。商标只有经过法律程序，在政府有关部门依法注册后，才受法律的保护，注册人才享有专用权。

正因为商标的法律概念，才使得商标的注册与使用必须遵循法律的约束与规范。而这些约束与规范，有许多严谨的实操环节与细节，若其中有一点被轻视与疏漏，都可能造成不同程度的钱财损失。而从商标法规角度掌握商标实用策略，则可以让商标申请人或商标使用者少走弯路，少破钱财。正所谓：凡事预则立，不预则废。

还有一个当代国人熟知的故事。

康熙年间，北京大栅栏地段，有一家由浙江宁波乐姓老板开的中药铺，取名"乐家老铺"，后改名"同仁堂"。由于恪守"炮制虽繁必不敢省人工，品味虽贵必不敢减物力"的经营信条，药品质量上乘，深受顾客信赖。

"同仁堂"的店名，就是市场意义上的商标符号，它不仅指代着商号的区隔，同时也承载着信誉的积累。

至今，"同仁堂"历经数百年的承袭发展，已经形成了现代制药业、零售商业和医疗服务三大板块的跨国药业集团，"同仁堂"商标（见图0-2）成为中国第一件驰名商标，其商标品牌的无形资产价值也在积累信誉的过程中不断增长。

图0-2 "同仁堂"商标

"同仁堂"商标故事告诉我们，对于市场主体（市场上从事交易活动的组织和个人）而言，商标是每一个商界经营者身边的无形资产金矿。使用好商标和保护好商标，就是让身边的无形资产金矿不断地变现财富、增量收益。

商标，是市场经营的起点，也是无形资产积累的开端。用心，才能走好第一步，这就意味着商标需要实用策略。

商标是一切经营活动运转的轴心。保持商标轴心的恒定，也需要实用策略。

商标实用策略，是指在遵循商标法规的原则下，以有效的使用方式和方法，让无形资产增值。

掌握了商标实用策略，你就破译了商标知识产权财富密码。

目 录 | contents

序一　商标的价值：用则立，不用则废
序二　"拿来主义"，碎片化整合：只为呈现新价值
导言

第一章　基础知识

商标取名还需传扬　你的商标会讲故事吗……………………… 3
佛要金装　好商标是精心设计出来的……………………………… 7
进山先探路　申请注册商标事先查询的七种方法………………… 10
错位有方　商标注册的六个技巧…………………………………… 13
环环相扣　商标注册的八项流程…………………………………… 16
对号入座　注册商标常见的四大分类……………………………… 22
经营先吃"定心丸"　商标注册的五大利好……………………… 30
别把"定时炸弹"埋身边　商标不注册的三大危害……………… 33
各取所需　商标全类注册与多类注册的选择……………………… 36
未注册的图形只是视觉符号　商标与LOGO的法律区别………… 39
"变脸"也应守法　商标文字图形改变后应重新申请注册……… 41
法律确权　注册商标的八大权利…………………………………… 44
相互关联　商标权与其他知识产权的应用关系…………………… 48
展示有范围　商标法意义上的商标使用…………………………… 51
细节有讲究　注册商标规范使用的提示…………………………… 54
鸡鸭不同笼　搞懂商标类似群组的关系…………………………… 57
捷径走不得　抢注名人的名字做商标违法………………………… 59

车同轨不同　莫将商标当商号 …………………………………… 61

替他人服务　厘清第35类商标中"广告"的实际意涵 ………… 64

必要的程序　商标申请补正应知晓的事项 …………………… 66

第二章　攻防策略

主动出击　掌握好商标异议的规则 …………………………… 71

水来土掩　商标被异议的应对之方 …………………………… 76

上兵伐谋　认真把握好商标"撤三"的攻防策略 …………… 80

不轻言放弃　依法用好复审权利 ……………………………… 83

敢仗剑维权　对商标侵权者说"不" ………………………… 90

维权莫滥权　诉讼"碰瓷"有违诚信 ………………………… 95

我的地盘我做主　被外地人在先注册的地名商标诉争依据 … 99

法律无偏倚　商标权益诉争与公司大小无关 ………………… 101

以时间为界　商标维权诉争赔偿额度的区别 ………………… 103

无形资产守护者　商标服务机构与企业的关系 ……………… 105

第三章　品牌升值

赋能品牌内涵升值　驰名商标的法定优势 …………………… 109

行政与司法并行　驰名商标认定的方式和途径 ……………… 114

使用才是硬道理　未注册商标也可以申请驰名商标认定 …… 123

为区域经济助力　地理标志证明商标的市场价值 …………… 126

区域资源排他性　地理标志证明商标与普通商标的区别 …… 130

程序流程应合规　申请注册地理标志证明商标的注意事项 … 133

附　录　业务文章

一千万买来的噩梦 ……………………………………………… 141

　　——"智强"商标转让权属纠纷案调查

真假"周黑鸭"斗法 …………………………………………… 146

　　——"周黑鸭"商标权益纷争调查

麻塘名医誉天下……………………………………………… 158
　——咸宁市麻塘风湿病医院品牌发展传略
红盾扬威　护航品牌……………………………………………… 168
　——湖北省咸宁市咸安区工商局贯彻落实新《商标法》工作纪实
八千里茶路的复兴………………………………………………… 172
　——湖北省赤壁市注册地标推动茶产业发展记
"互联网＋"成就桂花大产业……………………………………… 175
　——湖北省咸宁市咸安区工商局商标兴农工作纪实
为地方资源兴农助力　"通城紫苏"地理标志证明商标
申报成功…………………………………………………………… 178
名品有名好扬帆　游离于外地二十余年的"贺胜"
鸡汤商标回家了…………………………………………………… 181
案例说法："樱花"商标权属诉争引发的思考………………… 184
案例说法："万岁泉"与"万行泉"商标诉争谁是终局赢家…… 189

后　记 …………………………………………………… 196
特别鸣谢 ………………………………………………… 198

第一章 基础知识

掌握商标实用策略，先从了解商标基础知识开始——

商标取名还需传扬　你的商标会讲故事吗

万事名开头。名正，言才顺。注册商标要做的第一件事，当然是为要准备申请注册的商标取一个创业者自己满意的名号。

商标名号的本质就是显著性和差异性。

人的名号可以相同和近似，但商标的名号却必须有差异，并且是受法律许可独享和保障专用的差异。恰恰是这种差异所形成的排他性，才能使某一个商标从无价值到有价值，从小价值到大价值。因为法定许可使用的商标是一个无人争抢的储蓄罐或聚宝盆，只要它在市场上健康存活与顺利运行，它的价值就在不断地累积增长，直至成为一个无穷大的财富符号。

商标名号的差异性，既是区隔也是记忆。

商家为自己的产品或服务的商标取名号，其实如同父母为自己的孩子取名字一样，都会寄予一定的情感或美好希望。

但是，商标的名号往往很难与商标申请人的愿望一致。因为注册商标需要国家商标管理部门审查核准，商标名字除了遵守国家法律规定和社会风俗之外，还存在着同名或近似名的现象。所以，为商标取一个好名字往往是很费脑筋的事情。

从市场上耳熟能详的知名商标取名来看，一般都有规律可循。

（1）商标名号可以从能反映行业特征或产品特性的角度进行思考。如"奔驰"（汽车）、"五粮液"（白酒）、"汰渍"（洗衣粉）等。

（2）商标名号可以从具有美好象征或吉祥寓意的词汇中去选择。如"同仁堂"（药店）、"金利来"（服装）、"宝马"（汽车）等。

（3）商标名号可以借用地方名胜或地域名称。如"扬子江"（糕饼）、"黄鹤楼"（烟草）、"青岛"（啤酒）等。

（4）商标名号可以以历史名人或商家创始人的姓名来代替。如"孔乙己"（茴香豆）、"曹操"（出行专车）、"马应龙"（药业）等。

（5）商标名号可以以水果、花草、林木的名称来命名。如"苹果"（通信设备）、"樱花"（洗衣机、冰箱）、"红杉树"（教育机构）等。

（6）商标名号可以以鸟兽、虫鱼、山水的名称来命名。如"袋鼠"（服装）、"鳄鱼"（服装）、"泰山"（医学院）等。

（7）商标名号可以用阿拉伯数字代表。如"778"（餐饮）、"999"（药品）、"8848"（移动通信）等。

名号好听的商标，能够让人联想到产品或服务功能，令人心情愉悦。但这只是属于大众思维的一种表象。商标的本质是区隔和易记，其显著性与独异性才是重要之义。而重中之重的是，真正的好商标是可以讲故事的。

因为讲故事就是传播，传播就是扬名，就是加深记忆。

案 例

（一）天津包子店"德聚号"不敌"狗不理"[1]

100多年前，一位天津小伙子开了一家卖包子的小吃店，给店铺取的名字具有十分美好的寓意，叫"德聚号"。由于小伙子的手艺好，包子用的新鲜料、实诚馅，所以市井街坊都喜欢到"德聚号"买包子。但由于生意太好，小伙子忙前忙后顾不上与食客打招呼。于是，有知晓他小名叫"狗子"的熟人便笑他："狗子卖包子，不理人。"后来，有人索性将"狗子"包的包子叫"狗不理"了。一传十，十传百，这个具有市井俚语气息的"狗不理包子"竟叫响了天津城。

从100多年前至今，天津人只记住了"狗不理"包子店，却早已忘记了与北京"全聚德"名字近似的"德聚号"。"狗不理"商标如图1-1所示。

---

[1] 案例资料来源于网络相关报道。

图1-1 "狗不理"商标

(二)"王麻子"刀剪商标名俗但市场口碑不俗[1]

在中国的刀剪市场上,自古就有"南有张小泉,中有曹正兴,北有王麻子"的说法,其三者是国内刀具行业翘楚。从这三个品牌名看,"王麻子"最不雅气,甚至带有不尊重人的俗气。王麻子刀剪铺开设于清顺治八年(公元1651年),掌柜的姓王,因脸上有麻子,故同行人及顾客直呼其"王麻子"。"王麻子"商标如图1-2所示。

图1-2 "王麻子"商标

"王麻子"对柜台上的刀剪,一直坚持质量至上,只有一流的上品才能被拿到门市柜台上去卖,所以王麻子刀剪以质量过硬而遐迩闻名,不论本地人和外地人,都慕名而来。尽管"王麻子"是一个对人的容貌缺陷直接呼叫的名字,但作为商标的个性化的特征,顾客记住的是其刀剪的好口碑。

在刀剪产品上,"王麻子"是追求质量的故事。没有人不喜欢货真价实。所以说,只要坚持产品质量和服务质量,无论什么名字都是好牌子。

(三)"扬子江"商标糕饼活色生香[2]

在中国糕饼市场,品类琳琅满目。湖北武汉的扬子江糕饼当属名饼之秀。这家创办于1956年的公私合营企业,是首批湖北老字号,其传统手工

---

[1] 案例资料来源于网络相关报道。
[2] 案例资料来源于武汉扬子江食品工业园有限公司。

制作技艺入选湖北省非物质文化遗产项目代表作名录。

虽然就商标名称而言，作为通用地域名称的"扬子江"没有特别的记忆点，远没有武汉同行老字号糕饼企业"汪玉霞""曹祥泰"的家族故事讲得生动，但武汉扬子江企业却利用自己的智慧将老字号"活态传承"的文化元素赋能于商标故事。

为了讲好"扬子江"商标非遗糕饼文化故事，企业花巨资修建了一座"扬子江湖北非遗糕饼文化园"，单纯的生产企业华丽转身为文化观光企业。园中既有传统文化风格的景观设计，还有中国二十四节气饮食养生文化知识画墙。糕饼文化馆内国风美饰、农耕画韵，令人流连忘返，心情愉悦。每日前来参观的群体络绎不绝。

糕饼文化馆还有传统"喜文化"礼仪活动专场和汉服美妆体验，还有中小学生以及成人团体参观者亲自动手做糕饼的 DIY 活动。

不仅如此，扬子江企业还以"武汉印象"为文化主题，在糕饼实物上雕刻武汉城市地标名胜图案，如黄鹤楼、长江大桥、江汉关、归元寺、武昌首义红楼、武汉大学樱花等，让扬子江糕饼文化与武汉的城市音符一起律动。

这些景观与活动以及糕饼实物图案等系列文化元素的整合作用，使得"扬子江"商标非遗糕饼活色生香，声名远播。正所谓：扬子江上好景色，多彩多姿美名扬。"扬子江"商标如图 1-3 所示。

图 1-3 "扬子江"商标

佛要金装　好商标是精心设计出来的

商标的名字取好后，接下来就是商标的设计。商标设计是商标注册和使用的最重要的一环。因为只有经过设计处理的商标，才具有个性化符号意义，而只有个性才会形成区别和记忆。

俗话说："人要衣装，佛要金装。"意思是：人和佛像都需要用装饰来获得视觉的美感。商标设计也是如此，不管是单纯的文字组合还是文字加图形组合，或者文字加拼音组合以及图文加拼音组合，都应具有图案的美学意义。

有美学意义的好商标都是精心设计出来的。所谓设计，最简单的定义就是一种"有目的的创作行为"。商标设计需要美学基础或美学鉴赏眼光，融入了美学思考的商标设计，会给受众带来一种愉悦的视觉感受和深刻记忆。

好的商标设计应遵循以下5项原则。

（1）显著性，即与众不同，具有明显的个性化特征，容易与其他同类商标形成记忆和区别。

（2）简易性，即简单明了，字体、色彩、图形不复杂，一目了然。

（3）创意性，即具有原创思考和巧妙构思，让人眼前一亮。

（4）美观性，即具有视觉美感，使人心情愉悦。

（5）联想性，即商标视觉符号能够传达出或令人联想到该商标产品或服务的意涵特征。

另外，商标设计时应该特别注意的是，商标文字提倡书法表现和美术处理，最忌讳图省事儿、草率地在电脑字库里选用现成的"某某字体"。这样的商标在被公开使用后，会因为侵犯了该某某字体所属公司的知识产权而遭到起诉。

案 例

（一）"赤壁青砖茶"商标设计的文化意涵[1]

"赤壁青砖茶"公共品牌标志为竖长方形，由赤壁城市标志的"赤"字演化字、数字"1006"、骆驼、书法"赤壁青砖茶"和英译文组成，包含了"创新、协调、绿色、开放、共享"的五大理念，如图1-4所示。

图1-4 "赤壁青砖茶"商标LOGO

竖长方形代表赤壁青砖茶"标准砖"外形，是赤壁青砖茶沿用几百年的传统形状。赤壁青砖茶是世界上紧压程度最高的黑茶，是砖茶的鼻祖（2021年由参加"赤壁青砖茶高峰论坛"的与会专家予以论证），产自北纬30°、拥有绿色产业的赤壁，是与世界共享的青砖茶。

"赤"字由赤壁城市标志的"赤"字演化而来，代表赤壁青砖茶的原产地赤壁市，与赤壁城市形象产生统一视觉认知，具备协调的外形，能够强化赤壁青砖茶的地域属性。

数字"1006"与"赤"字呈上下结构，与"赤"字同为粗黑字体，协

---

[1] 案例资料来源于赤壁市茶叶协会。

调一致，代表历史的承接与传承，因为专家论证赤壁青砖茶最早出现的时间为 1006 年（北宋景德年间）。

骆驼是古代万里茶路上主要的交通运输工具，赤壁青砖茶的运输最困难的是在高纬度、高海拔荒漠地区，而骆驼被誉为"沙漠之舟"，拥有耐极寒、耐极旱的优良特性，为赤壁青砖茶的品质转化和向国外传播起到了无法替代的作用。骆驼形象代表着坚韧、执着的精神品质，也是对外开放的载体。

"赤壁青砖茶"（其中砖为繁体磚）五字为 2021 年中国书法家协会主席孙晓云女士受赤壁市政府所邀，为赤壁青砖茶专门亲笔所书，代表了文化界对赤壁青砖茶的高度肯定，也代表了赤壁青砖茶在新时代背景下要不断创新、不断发展的信念。英译文为经注册使用的标准译文，起到对外识别的作用，同时也代表着赤壁青砖茶以开放的姿态面向世界。

（二）"某某字体"的商标遭投诉[1]

潜江龙虾产业发展促进会注册 商标，最初注册时，其商标文字字体未经设计处理，字体是直接使用电脑中现成的"某某字体"。等到这家机构的商标品牌具有了很高知名度后，就遭到了某某字库（北京某某公司）的侵权投诉。

---

[1] 案例资料来源于潜江龙虾产业发展促进会。

进山先探路　申请注册商标事先查询的七种方法

注册在先，是中国商标注册的基本原则。

《商标法》第三十一条规定："两个或者两个以上的商标注册申请人，在同一种商品或者类似商品上，以相同或者近似的商标申请注册的，初步审定并公告申请在先的商标；同一天申请的，初步审定并公告使用在先的商标，驳回其他人的申请，不予公告。"

也就是说，该法条明确规定了，一个商号或标志，谁先注册成为商标，那么这件商标独占权和专有权就是谁的。而在后提交注册申请的相同或近似商标，自然就会在商标审查时被驳回。可见，在商标注册申请提交之前，事先进行商标查询是必要的业务程序。据资料显示，没有开展商标查询业务就申请的，驳回率在70%左右，开展查询业务后，驳回率仅11.3%。

俗话说："进山先探路，出海先试风。"意思是：樵夫进山之前需要先探寻好走的路径，渔夫出海之前需要测试当天的风力，以求进山和出海的顺利。

商标查询是商标申请注册流程中不可忽略的一个重要步骤。商标申请注册提交前，通过查询国家知识产权局商标局登记注册情况，了解准备申请注册的商标与他人已注册商标是否相同或近似，将会大大降低商标注册风险，提高注册成功率，避免造成时间与金钱的双重损失。

商标查询方法如下。

（1）登录国家知识产权局商标局中国商标网官网。

（2）进入"商标网上查询"，在"商标近似查询"条目中，按照"国际分类""类似群""查询方式""商标名称"输入相关信息进行综合查询。

（3）商标名称如果是多类型组合（汉字+拼音或汉字+英文或汉字+数字），则需要拆分开后做商标查询。

(4) 查询汉字词组商标，需要联想到近似词以及其他可能表示该词的语言。如查询服务类商标"马上办"，还需要同时查询"码上办"或"MSB"等。

(5) 查询数字组合商标，除了查询阿拉伯数字外，还需要查询对应的汉字及拼音。如查询商标"666"，还需要查询汉字"六六六"和拼音"LIU LIU LIU"。

(6) 有些商品需要跨类别近似查询。所谓"跨类别近似"，是指不在同一大类别的商品或服务项目，在功能、使用方法和用途、销售渠道等方面均具有极高的类似性，因此互相构成近似商品或服务。如第 30 大类中的 3002 "茶饮料"，在功能与使用方法上均与第 32 大类中的 3202 "不含酒精饮料"类似，即不同类别的二者互为类似商品。当申请的注册商标存在这种情况时，就需要商标申请人在两个类别中分别进行商标查询。

(7) 进入商标注册显示的详细页面查询商标状态。如果发现在先注册商标处于无效状态或已经过了有效期，申请人则可重新进行商标申请。

另外需要说明的是，商标查询并非百分之百准确。因为商标查询只能查询到国家知识产权局商标局已受理审核过的商标数据，在商标提交后有几个月盲期，这期间的商标是无法查询到的。所以，商标注册申请人应持续跟踪商标注册动态，做到心中有数。

附：中国商标网页图例

(1) 打开国家知识产权局商标局中国商标网，如图 1-5 所示。

图 1-5　中国商标网

(2) 在第 30 大类的 3002 "茶饮料"商品类似群中检索"海峰",如图 1-6 所示。

图 1-6 检索"海峰"

(3) 单击"查询"按钮,得到如图 1-7 所示检索结果。

图 1-7 检索结果

错位有方　商标注册的六个技巧

错位，是避免商标近似的有效区隔。

从专业的角度讲，商标注册其实是有专门学问的。商标注册申请被驳回，大部分原因是没有掌握好商标的注册技巧。

商标注册技巧主要有下述几个。

1. 组合商标要分开注册

在申请文字+图形的组合商标时，建议把文字和图形分开注册。因为只要组合商标中一个构成要素造成了相同或近似，那么整个商标都将被驳回，最终导致商标注册失败。

2. 汉字词组加前缀后缀词

通过查询发现，申请注册的商标存在与在先注册商标近似的情况，不妨在商标名称的汉字词组前后另加前缀词或后缀词。如"卓越"词组，可以思考"创·卓越""向往卓越"或"卓越前程""卓越远思"等。这样的词组处理，使得有更多的选择余地。

3. 选择商标类别要准确

我国采用的《2023版类似商品和服务区分表》将商品及服务分为45个大类别和若干小项，商标注册申请人需要尽可能谨慎、准确地选择商品或服务所属的类别，以便明确指定该商标的保护范围。

4. 在商标类似群中寻找机会点

商标是按照类别（以类似群划分保护范围）来保护的，即使两个商标类别相同，类似群不同或者不相似，那么这两个商标就都可以被确权。例如：查询到第28大类体娱器材中，已经存在他人在先注册的近似商标"2808 游泳池及跑道；2809 运动防护器具及冰鞋；2811 钓具"，但在类似群中在先注册商标并没有注册"2802 玩具"，而在后注册商标申请人恰好正是生产玩具的企业，那么"2802玩具"商标是可以提交注册申请的。

5. 从失效商标中抢抓机遇

我国商标法规定，注册商标有效期为10年，到期要及时续展即为商标保护不失效。通过查询发现，某在先注册近似商标可能因为未进行商标到期续展，而导致商标权属失效。在后注册商标申请人可以提交申请。

6. 通过"撤三"异议掌握主动权

在先商标注册申请人采取多类注册或全类注册，却因为企业自身经营和发展的诸种原因而将商标闲置，因此在商标注册和使用行为中，存在许多未实际使用的闲置商标，成为"僵尸"商标。通过外部信息搜集，找到在先注册商标连续三年未使用的证据。在后注册商标申请人可向国家知识产权局商标局提出"撤三"申请，在"撤三"处理完结后可以继续申请注册相同名称商标。

案 例

（一）一个"喜"VS四个"喜"的商标注册技巧

在先注册的"喜"字图形商标如图1-8所示，在后注册成功的"喜"字图形商标如图1-9所示。

图1-8　在先注册的"喜"字图形商标　　图1-9　在后注册成功的
　　　　　　　　　　　　　　　　　　　　　　　"喜"字图形商标

(二）同为"百年某口"四字组合文字的商标注册技巧

在先注册的"百年巷口"文字商标如图 1-10 所示，在后注册成功的"百年汉口"文字商标如图 1-11 所示。

图 1-10　在先注册的"百年巷口"文字商标

图 1-11　在后注册成功的"百年汉口"文字商标

环环相扣　商标注册的八项流程

商标注册是有严格的法定程序要求的。快速办理商标注册，必须熟悉和掌握申报程序与办理流程。

（一）办理途径

（1）委托具有相关经营服务资质的商标代理机构办理。

（2）申请人自行提交电子申请。

商标网上服务系统网址：http://sbj.cnipa.gov.cn/wssq/。

（3）申请人可到以下地点办理商标注册申请：

① 到国家知识产权局商标局委托地方市场监管部门或知识产权部门设立的商标业务受理窗口办理。

② 到国家知识产权局商标局在京外设立的商标审查协作中心办理。

③ 到国家知识产权局商标局驻中关村国家自主创新示范区办事处办理。

④ 到国家知识产权局商标局商标注册大厅办理。

（二）所需资料

只有真正从事生产经营活动的自然人、法人或者其他组织才可以申请商标注册。

1. 申请人身份证明文件

（1）以公司名义为申请人的需提供公司营业执照副本复印件。

（2）以个体工商户名义申请的需提供个体工商户营业执照副本复印件。

（3）以个人名义申请的需提供个人身份证复印件及个体工商户营业执照副本复印件。

（4）所有商标申请须使用统一社会信用代码。

（5）委托商标代理机构以公司或个体工商户名义为申请人的，需提供加盖公章或签字的商标代理委托书，商标代理委托书上的地址应与营业执照上的注册地址完全一致。

（6）以公司名义或个人名义为申请人的，需提供企业公章或个人签名手迹字模。

（7）企业公章或个人签名，需与提供材料中的名称一致。

2. 商标图样电子档

（1）商标图样应当清晰，达到300dpi以上，长和宽应当不大于10cm，不小于5cm。商标电子图样为JPG文件格式。

（2）以颜色组合或者着色图样申请商标注册的，应当提交着色图样，并提交黑白稿1份；不指定颜色的，应当提交黑白图样。对于颜色组合商标和指定颜色的商标所需提供的黑白稿，应另行制版，制作一张清晰的黑白图样，不能简单地复印原图样。该黑白稿在注册申请时可不提交，如审查后续需要时，会通知申请人另行补充提交。

（3）以三维标志申请商标注册的，提交能够确定三维形状的图样，提交的商标图样应当至少包含三面视图。

（4）以声音标志申请商标注册的，应当以五线谱或者简谱对申请用作商标的声音加以描述并附加文字说明；无法以五线谱或者简谱描述的，应当以文字加以描述；商标描述与声音样本应当一致。

（三）选择注册产业类别

注册商标至少应覆盖企业现有的业务范围，选择本企业商品或服务所在的核心业务类别。

每件商标在注册时可以在同一类别不同小类中挑选10项，包括现在可以生产的商品或经营业务及未来可能生产的商品或经营业务，尽可能扩大、保护商标使用范围，为以后的发展留下空间，同时也可防止他人注册相同或近似商标。

例如，某饮品生产经营企业申请第32大类啤酒饮料类别注册商标，可同时选择啤酒，无酒精饮料，矿泉水和汽水，水果饮料及果汁，糖浆及其他用于制作无酒精饮料的制剂等小类商品项目。

又如，某广告公司申请第 35 大类广告销售类别注册商标，可同时选择广告，商业经营、组织和管理，办公事务等小类服务项目。

（四）商标查询

商标查询是商标注册申请的必要过程。因为在海量的商标类别里，商标的重复或近似是必然存在的。为了避免商标注册申请被驳回，在商标注册申请提交之前一定要进行认真的查询。

通过商标查询，了解在相同或类似商品上是否存在已注册或已申请的相同或相近似注册商标，增加商标注册成功的概率。若存在，可以对准备注册的商标进行修改或调整，或者放弃提交申请。

关于商标查询，建议请有经验的专业商标代理机构进行，避免申请人自己走弯路。

（五）商标注册申请应注意的事项

1. 下列标志不得作为商标使用

（1）同中华人民共和国的国家名称、国旗、国徽、国歌、军旗、军徽、军歌、勋章等相同或者近似的，以及同中央国家机关的名称、标志、所在地特定地点的名称或者标志性建筑物的名称、图形相同的。

（2）同外国的国家名称、国旗、国徽、军旗等相同或者近似的，但经该国政府同意的除外。

（3）同政府间国际组织的名称、旗帜、徽记等相同或者近似的，但经该组织同意或者不易误导公众的除外。

（4）与表明实施控制、予以保证的官方标志、检验印记相同或者近似的，但经授权的除外。

（5）同"红十字""红新月"的名称、标志相同或者近似的。

（6）带有民族歧视性的。

（7）带有欺骗性，容易使公众对商品的质量等特点或者产地产生误认的。

（8）有害于社会主义道德风尚或者有其他不良影响的。

县级以上行政区划的地名或者公众知晓的外国地名，不得作为商标。

但是，地名具有其他含义或者作为集体商标、证明商标组成部分的除外；已经注册的使用地名的商标继续有效。

2. 下列标志不得作为商标注册

（1）仅有本商品的通用名称、图形、型号的。

（2）仅直接表示商品的质量、主要原料、功能、用途、重量、数量及其他特点的。

（3）其他缺乏显著特征的。

前款所列标志经过使用取得显著特征，并便于识别的，可以作为商标注册。

3. 商标要具有显著性

（1）商标文字或图形要有与众不同的原创性思考。

（2）商标文字或图形可以借鉴他人的设计思路，但绝不能完全模仿、复制，应该有自己独特的视觉元素处理。

4. 商标的相同、近似审查

（1）相同的商标无法注册成功，否则就构成了对他人商标的侵权。

（2）近似商标又分为三类：

① 文字商标的近似，根据汉字的字体或设计、注音、排列顺序来判断，是否易使消费者对商品或服务的来源产生混淆。

② 图形商标的近似，商标的图形构图或整体外观近似，易使消费者对商品或服务的来源产生混淆的，容易被驳回。

③ 组合商标的近似，组合商标文字、图形分开来审。如果其中有一个不能通过审查，那么整个组合商标都有被驳回的风险。

需要再次提醒的是，申请组合商标时，建议一定要将文字、图形分开来注册。这样后期不仅使用方便，还可提高注册商标的通过率。

（六）商标审查

《商标法》第二十八条规定：对申请注册的商标，商标局应当自收到商标注册申请文件之日起九个月内审查完毕，符合本法有关规定的，予以初步审定公告。

《商标法》第二十九条规定：在审查过程中，商标局认为商标注册申请内容需要说明或者修正的，可以要求申请人做出说明或者修正。申请人未做出说明或者修正的，不影响商标局做出审查决定。

《商标法》第三十条规定：申请注册的商标，凡不符合本法有关规定或者同他人在同一种商品或者类似商品上已经注册的或者初步审定的商标相同或者近似的，由商标局驳回申请，不予公告。

《商标法》第三十一条规定：两个或者两个以上的商标注册申请人，在同一种商品或者类似商品上，以相同或者近似的商标申请注册的，初步审定并公告申请在先的商标；同一天申请的，初步审定并公告使用在先的商标，驳回其他人的申请，不予公告。

《商标法》第三十二条规定：申请商标注册不得损害他人现有的在先权利，也不得以不正当手段抢先注册他人已经使用并有一定影响的商标。

（七）注册商标保护期限

无论以公司还是个人名义申请，商标注册下来后，商标受保护的期限是一样的，都是10年有效期。如果商标到期后，商标持有人仍需要继续使用，则都需要向商标局申请续展。而且可以无限制重复申请，每次续展注册的有效期均为10年。

（八）商标注册流程

注册商标的流程：向商标局提交申请书→形式审查→实质审查→初步审定公告→注册公告→发证。

注：以上流程均为无特殊情况影响下，既不存在形式审查、实质审查时被驳回，也不存在公示期被他人提出异议的情况。

商标注册受理通知书发放时间在1个月左右，商标注册平均审查周期在5个月左右，初步审定公告时间为3个月，公告结束后下发商标证。

所以，如果一切顺利，注册一件商标需要花费10个月左右的时间。

注：上述商标注册流程中的时间段是现行的大致安排，今后会根据形势的发展逐步缩短时间。

附：《商标注册流程简图》

商标注册流程简图如图 1-12 所示。

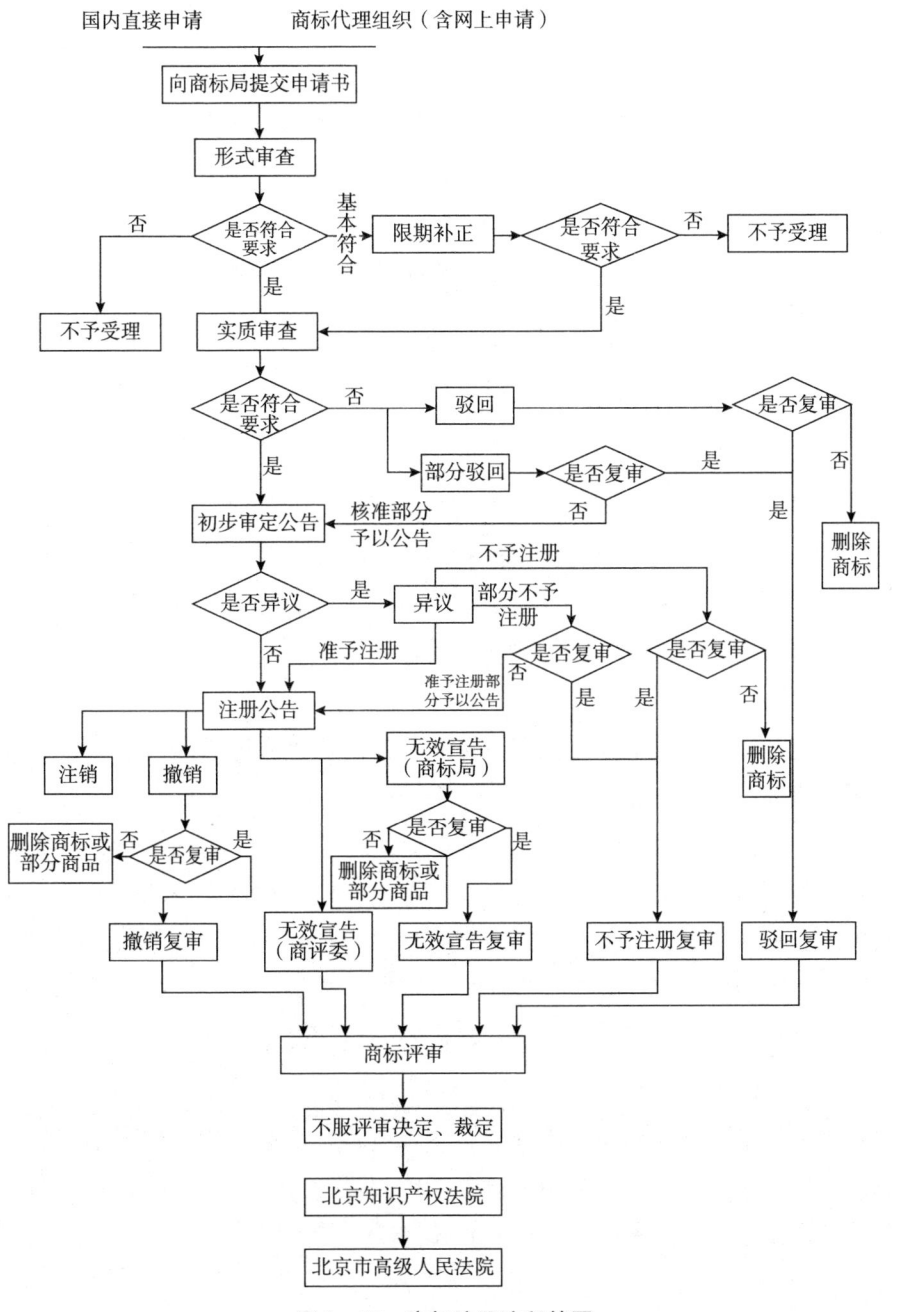

图 1-12　商标注册流程简图

对号入座　注册商标常见的四大分类

商标类别十分繁杂。申请商标注册，必须根据申请人从事生产或服务的具体内容，对号入座，按类酌定。

（一）功用分类

1. 商品商标

商品商标是指商品生产者在自己生产或经营的商品上使用的标志。

商品商标所要区别的是某种商品，它一般都是有形的，表现为某种物品。如"周黑鸭"的商品商标，它所要区别的是食用家禽这种商品，使这一品牌与其他品牌的食用家禽相区别。

2. 服务商标

服务商标又称服务标记或劳务标志，是指提供服务的经营者为将自己提供的服务与他人提供的服务相区别而使用的标志。

它所要区别的是某种服务，一般都是无形的，表现为人的行为。如麻塘医院的"麻塘"服务商标，它所要区别的是医疗行业为人们提供医疗服务的行为，使其与其他医院的服务区别开来。

3. 集体商标

集体商标是指以团体、协会或者其他组织名义注册，供该组织成员在商事活动中使用，以表明使用者在该组织中的成员资格的标志。

集体商标的申请人须是团体、协会或者其他组织，例如社会团体、协会组织、农业合作社等；集体商标为集体所有，一般的公司制企业不能申请集体商标，如"西樵面料""襄阳牛肉面"商标。

4. 证明商标

证明商标是指由对某种商品或者服务具有监督能力的组织所控制，而由该组织以外的单位或者个人用于其商品或者服务，用以证明该商品或者服务的原产地、原料、制造方法、质量或者其他特定品质的标志。

证明商标应由某个具有监督能力的组织注册，由其以外的人使用，注册人不能使用。它是用以证明商品或服务本身出自某产地，或具有某种特定品质的标志，如"绿色食品标志"。

5. 地理标志证明商标

地理标志证明商标是指标示某商品来源于某地区，并且该商品的特定质量、信誉或其他特征主要由该地区的自然因素或人文因素所决定的标志。

申请地理标志证明商标是目前国际上保护特色产品的一种通行做法。通过申请地理标志证明商标，可以合理、充分地利用与保存自然资源、人文资源和地理遗产，有效地保护优质特色产品和促进特色行业的发展，如"咸宁桂花""通山麻饼""赤壁青砖茶""潜江龙虾""洪山菜薹"地理标志证明商标。

（二）结构分类

1. 文字商标

文字商标是指仅用文字构成的商标，包括中国汉字和少数民族字、外国文字和阿拉伯数字或以各种不同字组合的商标。

2. 图形商标

图形商标指的是仅用图形构成的商标。它又可以分为三类。

（1）记号商标，是指用某种简单符号构成图案的商标。

（2）几何图形商标，是以较抽象的图形构成的商标。

（3）自然图形商标，是以人物、动植物、自然风景等自然的物象为对象所构成的图形商标。有的是实物照片，有的则是经过加工提炼、以概括与夸张等手法进行处理的自然图形所构成的商标。

3. 字母商标

字母商标是指用拼音文字或注音符号的最小书写单位，包括拼音文字、外文字母如英文字母、拉丁字母等所构成的商标。

4. 数字商标

数字商标是指用阿拉伯数字、罗马数字或者是中文数字符号所构成的商标。

5. 三维标志商标

三维标志商标又称为立体商标。它是用具有长、宽、高三种度量的三维立体物标志构成的商标标志，与我们通常所见的表现在一个平面上的商标图案不同。它是以一个立体物质形态出现，这种形态可能出现在商品的外形上，也可以表现在商品的容器或其他地方。这是 2001 年修订的《商标法》所增添的新内容，这使得中国的商标保护制度更加完善。

6. 颜色组合商标

颜色组合商标是指由两种或两种以上的颜色排列、组合而成的商标。文字、图案加颜色所构成的商标，不属于颜色组合商标，只是一般的组合商标。

7. 总体组合商标

总体组合商标指由两种或两种以上成分相结合构成的商标，也称复合商标。

8. 声音商标

声音商标是指以音符编成的一组音乐或以某种特殊声音作为商品或服务的商标。如美国一家唱片公司使用 11 个音符编成一组乐曲，把它灌制在他们所出售的录音带的开头，作为识别其商品的标志。这个公司为了保护其声音的专用权，防止他人使用、仿制而申请了注册。声音商标目前只在少数国家得到承认。

9. 气味商标

气味商标就是以某种特殊气味作为区别不同商品和不同服务项目的商标。目前，这种商标只在个别国家被承认。

10. 位置商标

位置商标是指某种商品特定部位的立体形状、图案、颜色以及它们的组合，通过它们区分商品或服务的提供者。

（三）知晓度分类

1. 普通商标

普通商标是指在正常情况下使用，未受到公众普遍认知的绝大多数商标。

2. 知名商标

知名商标是指在较小地域范围内（如地市县级地域）有知名度的商标。它只是在我国较常出现的对某些商标的一种褒称，大多出现在我国以地、市、县一级名誉商标评选中，并常在地方性法规中出现。（现已取消评定）

3. 著名商标

著名商标是指在一定地域范围内（如省级地域）较有知名度的商标。它不是国际上的专用名词，只是多出现在我国以省、（直辖）市一级名誉商标评选中，并常在地方性法规中出现。（现已取消评定）

4. 驰名商标

驰名商标是指在较大地域范围（如全国、国际）的市场上享有较高声誉，为相关公众所普遍熟知，有良好市场信誉，并享有特别法律保护的商标。

（四）产业分类

按不同产业划分，总计45个类别。其中第1~34类是商品类别，第35~45类是服务类别，共包含数以万计的商品和服务项目。

第1类：用于工业、科学、摄影、农业、园艺和林业的化学品；未加工人造合成树脂；未加工塑料物质；灭火和防火用合成物；淬火和焊接用制剂；鞣制动物皮毛用物质；工业用黏合剂；油灰及其他膏状填料；堆肥，肥料，化肥；工业和科学用生物制剂。

第2类：颜料，清漆，漆；防锈剂和木材防腐剂；着色剂，染料；印刷、标记和雕刻用油墨；未加工的天然树脂；绘画、装饰、印刷和艺术用金属箔及金属粉。

第3类：不含药物的化妆品和梳洗用制剂；不含药物的牙膏；香料，香精油；洗衣用漂白剂及其他物料；清洁、擦亮、去渍及研磨用制剂。

第4类：工业用油和油脂，蜡；润滑剂；吸收、润湿和黏结灰尘用合成物；燃料和照明材料；照明用蜡烛和灯芯。

第5类：药品，医用和兽医用制剂；医用卫生制剂；医用或兽医用营养食物和物质，婴儿食品；人用和动物用膳食补充剂；膏药，绷敷材料；填塞牙孔用料，牙科用蜡；消毒剂；消灭有害动物制剂；杀真菌剂，除莠剂。

第 6 类：普通金属及其合金，金属矿石；金属建筑材料；可移动金属建筑物；普通金属制非电气用缆线；金属小五金具；存储和运输用金属容器；保险箱。

第 7 类：机器，机床，电动工具；马达和引擎（陆地车辆用的除外）；机器联结器和传动机件（陆地车辆用的除外）；除手动手工具以外的农业器具；孵化器；自动售货机。

第 8 类：手工具和器具（手动的）；刀、叉和匙餐具；除火器外的随身武器；剃刀。

第 9 类：科学、研究、导航、测量、摄影、电影、视听、光学、衡具、量具、信号、侦测、测试、检验、救生和教学用装置及仪器；处理、开关、转换、积累、调节或控制电的配送或使用的装置和仪器；录制、传送、重放或处理声音、影像或数据的装置和仪器；已录制和可下载的媒体，计算机软件，录制和存储用空白的数字或模拟介质；投币启动设备用机械装置；收银机，计算设备；计算机和计算机外围设备；潜水服，潜水面罩，潜水用耳塞，潜水和游泳用鼻夹，潜水员手套，潜水呼吸器；灭火设备。

第 10 类：外科、医疗、牙科和兽医用仪器及器械；假肢，假眼和假牙；矫形用物品；缝合材料；残疾人专用治疗装置；按摩器械；婴儿护理用器械、器具及用品；性生活用器械、器具及用品。

第 11 类：照明、加热、冷却、蒸汽发生、烹饪、干燥、通风、供水以及卫生用装置和设备。

第 12 类：运载工具；陆、空、海用运载装置。

第 13 类：火器；军火及弹药；炸药；焰火。

第 14 类：贵金属及其合金；首饰，宝石和半宝石；钟表和计时仪器。

第 15 类：乐器；乐谱架和乐器架；指挥棒。

第 16 类：纸和纸板；印刷品；书籍装订材料；照片；文具和办公用品（家具除外）；文具用或家庭用黏合剂；绘画材料和艺术家用材料；画笔；教育或教学用品；包装和打包用塑料纸、塑料膜和塑料袋；印刷铅字，印版。

第 17 类：未加工和半加工的橡胶、古塔胶、树胶、石棉、云母及这些材料的代用品；生产用成型塑料和树脂制品；包装、填充和绝缘用材料；非金属软管和非金属柔性管。

第18类：皮革和人造皮革；动物皮；行李箱和背包；雨伞和阳伞；手杖；鞭，马具和鞍具；动物用项圈、皮带和衣服。

第19类：非金属的建筑材料；建筑用非金属硬管；柏油，沥青；可移动非金属建筑物；非金属纪念碑。

第20类：家具，镜子，相框；存储或运输用非金属容器；未加工或半加工的骨、角、鲸骨或珍珠母；贝壳；海泡石；黄琥珀。

第21类：家用或厨房用器具和容器；烹饪用具和餐具（刀、叉、匙除外）；梳子和海绵；刷子（画笔除外）；制刷原料；清洁用具；未加工或半加工玻璃（建筑用玻璃除外）；玻璃器皿、瓷器和陶器。

第22类：绳索和细绳；网；帐篷和防水遮布；纺织品或合成材料制遮篷；帆；运输和贮存散装物用麻袋；衬垫和填充材料（纸或纸板、橡胶、塑料制除外）；纺织用纤维原料及其替代品。

第23类：纺织用纱和线。

第24类：织物及其替代品；家庭日用纺织品；纺织品制或塑料制帘。

第25类：服装，鞋，帽。

第26类：花边，编带和刺绣品，缝纫用饰带和蝴蝶结；纽扣，领钩扣，饰针和缝针；人造花；发饰；假发。

第27类：地毯，地席，亚麻油地毡及其他铺在已建成地板上的材料；非纺织品制壁挂。

第28类：游戏器具和玩具；视频游戏装置；体育和运动用品；圣诞树用装饰品。

第29类：肉，鱼，家禽和野味；肉汁；腌渍、冷冻、干制及煮熟的水果和蔬菜；果冻，果酱，蜜饯；蛋；奶，奶酪，黄油，酸奶和其他奶制品；食用油和油脂。

第30类：咖啡、茶、可可及其代用品；米，意式面食，面条；食用淀粉和西米；面粉和谷类制品；面包、糕点和甜食；巧克力；冰淇淋，果汁刨冰和其他食用冰；糖，蜂蜜，糖浆；鲜酵母，发酵粉；食盐，调味料，香辛料，腌制香草；醋，调味酱汁和其他调味品；冰（冻结的水）。

第 31 类：未加工的农业、水产养殖业、园艺、林业产品；未加工的谷物和种子；新鲜水果和蔬菜，新鲜芳香草本植物；草木和花卉；种植用球茎、幼苗和种子；活动物；动物的饮食；麦芽。

第 32 类：啤酒；无酒精饮料；矿泉水和汽水；水果饮料及果汁；糖浆及其他用于制作无酒精饮料的制剂。

第 33 类：酒精饮料（啤酒除外）；制饮料用酒精制剂。

第 34 类：烟草和烟草代用品；香烟和雪茄；电子烟和吸烟者用口腔雾化器；烟具；火柴。

第 35 类：广告；商业经营、组织和管理；办公事务。

第 36 类：金融，货币和银行服务；保险服务；不动产服务。

第 37 类：建筑服务；安装和修理服务；采矿，石油和天然气钻探。

第 38 类：电信服务。

第 39 类：运输；商品包装盒贮藏；旅行安排。

第 40 类：材料处理；废物和垃圾的回收利用；空气净化和水处理；印刷服务；食物和饮料的防腐处理。

第 41 类：教育；提供培训；娱乐；文体活动。

第 42 类：科学技术服务和与之相关的研究与设计服务；工业分析、工业研究和工业品外观设计服务；质量控制和质量认证服务；计算机硬件与软件的设计与开发。

第 43 类：提供食物和饮料服务；临时住宿。

第 44 类：医疗服务；兽医服务；人或动物的卫生和美容服务；农业、水产养殖、园艺和林业服务。

第 45 类：法律服务；为有形财产和个人提供实体保护的安全服务；交友服务，在线网络社交服务；殡仪服务；临时照看婴孩。

案例

广告类目很精彩，你选哪几项？

在服务商标第 35 大类第一个类似群的"3501 广告"中，有很多个小类。

但是一般的广告公司或文化传播公司不可能面面俱到，什么都去做。而按照商标注册规定，每一件商标的申请小项以10个为限。超出了10个小项，就需要按小类商标缴纳费用。

商标注册申请人应该根据自己的主业，也就是正在或将要从事经营的主要项目，有目标性地分别甄选。不要不切实际地贪多抢注占用，花费了冤枉钱。

以下附列的类似群组的小项中，你认为哪几个项目更适合自己：

350003 张贴广告；350008 广告材料分发；350023 货物展出；350024 直接邮件广告；350027 广告材料更新；350028 样品散发；350035 广告材料出租；350038 广告宣传本的出版；350039 广告宣传；350039 广告；350040 无线电广告；350044 电视广告；350046 商业橱窗布置；350047 广告代理；350049 为广告或推销提供模特服务；350070 广告空间出租；350077 通过邮购定单进行的广告宣传；350084 计算机网络上的在线广告；350087 在通信媒体上出租广告时间；350092 为零售目的在通信媒体上展示商品；350099 广告稿的撰写；350101 广告版面设计；350104 广告片制作；350113 点击付费广告；350121 广告材料设计；350125 广告牌出租；350132 广告脚本编写；350137 制作电视购物节目；350139 广告传播策略咨询；350141 通过体育赛事赞助推广商品和服务；350152 户外广告；C350001 广告设计；C350002 广告策划；C350007 广告材料起草……

经营先吃"定心丸" 商标注册的五大利好

守法经营，企业才能在市场上走得顺畅。商标注册的好处有以下几点。

（一）注册商标受法律保护

《商标法》第三条规定：经商标局核准注册的商标为注册商标，包括商品商标、服务商标和集体商标、证明商标；商标注册人享有商标专用权，受法律保护。

（二）树立企业的品牌形象，提升企业核心竞争力

商标是企业用来区别不同生产经营者或服务提供者的商品与服务而具有显著性的标志，它被形象地称为商品的"脸"。商标是一个企业的产品或者服务的质量、商誉和知名度的载体，它体现了一个企业的品牌形象和商品或者服务的质量，是企业竞争优势的重要来源之一，关系着企业的生存和发展。企业的竞争日趋激烈，只有意识到商标保护的重要性，树立品牌形象，才能在激烈的竞争中脱颖而出。

（三）有利于企业开拓和占领市场

商标对于消费者而言，就是商品、服务或者企业的商誉的标志。消费者往往会认牌购货，声誉好的商标使得消费者在选择商品或服务的时候产生信赖，刺激其再次购买。当企业通过商标在消费者的心中树立了良好的形象后，其产品自然就获得了较大的市场占有率。因此，企业通过经营商标，树立良好形象，赢得消费者的信赖，可以更好地开拓市场，实现利润的最大化。

（四）有利于促进地区经济发展

商标数量多少，品牌知名度如何，是衡量一个地区经济发展的重要标志，名牌产品的发展是地区经济发展的领头羊。尤其是一个地区的著名产业，更应该重视商标注册工作，积极创立品牌，提高竞争力，促进地区经济的发展。

（五）有利于防止他人侵权、恶意抢注、"搭便车"

商标作为企业的无形资产，是企业市场竞争中重要的竞争手段。做好商标的注册和保护工作，可以防止类似恶意抢注商标、混淆商标，"搭便车"等影响企业声誉、损害企业良好形象的事件发生，以更好地维护企业利益。

案 例

（一）"汤本"商标与"汤本汤"字号的诉争[1]

大连市西岗区汤本健康按摩屋注册了"汤本"商标，注册号为第6357083号、第6357082号。

同为大连地域的汤本汤酒店（大连）有限公司（以下简称汤本汤公司）的经营范围，与汤本健康按摩屋的注册商标部分核定使用服务构成类似服务。汤本汤公司在店堂招牌上使用了"汤本汤""汤本汤温泉物语""汤本·汤"等字样。

汤本健康按摩屋将汤本汤公司告上了法庭，案由为："汤本"字号为汤本健康按摩屋最先使用，且"汤本"商标注册时间早于汤本汤公司的成立时间。汤本汤公司将与"汤本"注册商标近似的"汤本汤"作为字号注册并使用，客观上造成市场混淆，构成不正当竞争。

一审法院审理了原告提供的案由证据，支持原告的诉争理由，认为汤

---

[1] 案例资料来源于网络相关报道。

本汤公司在类似服务中突出使用与案涉商标相近似的字样，容易使相关公众对服务的来源或提供者产生误认，系侵犯汤本健康按摩屋注册商标专用权的行为。判决汤本汤公司赔偿汤本健康按摩屋经济损失2万元。汤本汤公司不服，提起上诉，二审法院经审理维持了原判。

（二）"麻塘"与"镇氏"商标的整合防御策略❶

咸宁麻塘风湿病医院以该医院名称字号"麻塘"，注册了服务第44类"麻塘"商标。咸宁麻塘风湿病医院的创始人及历代掌门人都姓镇，所以咸宁麻塘风湿病医院分别在服务第44类上注册了"麻塘""镇氏"商标，"镇氏"商标作为与"麻塘"商标的共生体和防御体，有效防止了他人注册"麻塘镇""嘛糖""老麻塘""镇家""镇氏兄弟""镇氏父子"等商标。

---

❶ 案例资料来源于湖北海峰知识产权代理有限公司业务服务案例。

别把"定时炸弹"埋身边　商标不注册的三大危害

未注册商标在经营上可能是埋在企业身边的"定时炸弹",说不定哪一天就会被突发事件引爆。主要危害有以下几种。

(一) 未注册商标不享有商标专用权

未注册商标不享有商标专用权,不能援引《商标法》对其进行保护。也就是说,该商标如果被别人使用,法律并不对该商标提供保护,所以他人将无偿地享受你的企业辛苦开拓出来的市场,企业的市场份额和经济利益因而受到损害。

(二) 未注册商标容易被他人抢先注册

若商标被他人抢先注册,则企业不仅会丧失商标的所有权和使用权,而且还可能反过来被商标抢注者起诉商标侵权,这不仅会给企业造成巨大的经济损失,而且还会使企业苦心经营的品牌信誉受损。

(三) 未注册商标可能因无意侵权而支付巨额赔偿

若商标未经注册,可能会无意间侵犯他人的权利,因而支付巨额赔偿费。

案 例

（一）网红牌子"鹿角巷"的盗版尴尬[1]

"鹿角巷"是一款黑糖珍珠鲜奶饮品网红牌子，"鹿角巷"公司也是国内茶饮行业的佼佼者，不少消费者慕名打卡。但热潮正兴的时候，山寨"鹿角巷"纷纷来袭，消费者难分真假。

据报道，在市场上，随处可见的"鹿角巷"店中，有超过95%都是假的，只有不到5%的是正品。

在正版"鹿角巷"公司还没发现事态的严重性之时，山寨"鹿角巷"已经开始打着"鹿角巷"的招牌收取巨额加盟费，被收取加盟费的老板还以为自己是真的加盟了鹿角巷。

究其原因，是正版"鹿角巷"的创始人邱茂庭（我国台湾人）在国家知识产权局商标局申请注册的"鹿角巷"商标尚未注册成功。

"鹿角巷"公司因为在进入大陆市场之初没有及时注册商标，从而导致在注册空档期被大量假冒与模仿，却难以享受法律保护，打假之路困难重重，这就造成了山寨店的猖獗。换言之，"鹿角巷"这个商标，在市场火爆之时却不能受到商标法的保护。

所幸"鹿角巷"公司在注册商标尚未得到国家知识产权局商标局核准之前，已经事先申请了"鹿角巷"美术作品的著作权登记（见图1-13）。于是该公司启动著作权保护策略，将成批的侵权人告上了法庭。

正版"鹿角巷"公司认为，这些山寨店未经许可，在店面门头、产品包装上使用"鹿角巷"名称及美术作品，从而误导了消费者，侵害了原告的著作权，损害了原告的合法权益。原告要求被告立即停止侵权，并各赔偿其经济损失和维权合理开支。

据了解，截至2019年10月，全国各地法院已对正版"鹿角巷"公司提起诉讼的1000多家山寨店侵权案分别作出判决，"鹿角巷"公司全部获得胜诉。

---

[1] 案例资料来源于网络相关报道。

图 1-13 "鹿角巷"商标

(二) 地标名品"咸宁桂花"的维权难度[1]

湖北咸宁市系全国闻名的"桂花之乡","咸宁桂花"带活了当地经济。但咸宁市桂花协会没有在商品分类第 29 类干桂花商品上注册"咸宁桂花"商标，导致现在很多其他地方产品都打上了"咸宁桂花"文字，误导说是由咸宁桂花干花加工而成，咸宁市桂花协会相关维权难以进行，即使维权诉争成功也难以获得相应金额赔偿。

---

[1] 案例资料来源于咸宁市桂花协会。

各取所需　商标全类注册与多类注册的选择

在商标注册实践中，许多申请人可能都会纠结于全类注册还是多类注册的现实问题。商标究竟是全类注册好，还是多类注册好？并不能一概而论，按照申请人自身的经营业务需要做出的选择就是正确的选择。因为需要就是合理。

所谓商标全类注册，就是将商标的商品分类从第 1 类至第 45 类，全部进行注册。其好处是，商标全类注册后，你的商品和服务可以得到全类保护。也就是说，该商标享有绝对的独占使用和垄断权益，可防止他人攀附自己的品牌价值，而且不论是否获得驰名商标，都可以得到实打实的全类保护，可对任何类别商品或服务的商标侵权行为进行维权。

对于一些具有经济实力且有将企业做大做强雄心抱负的市场主体，商标全类注册是非常必要的。商标全类注册时，申请人需要了解以下几点。

（1）全类注册成本高。商标注册费用是按件收费，还要加上每 10 年的商标续展费用，所以注册 45 件商标的费用，自然就比注册单件或注册少量商标所需费用高很多。

（2）商标维护成本高。企业一旦注册了全类商标，就必须要有专人常态化地负责市场上全类商标的侵权信息监控，信息管理面广、工作量大，导致成本高。

（3）商标一旦全类注册而没有实际使用，就会闲置成"僵尸"商标，三年以后他人向国家知识产权局商标局提出"撤三"申请，即一旦"撤三"成功，商标会作废，当年花出去的商标注册费以及代理费都统统打了水漂，得不偿失。所以，企业对于暂时不使用的注册商标应及时授权许可他人使用，以规避"撤三"风险。

所以，对于更多的初创企业或经济实力不强的企业而言，建议选择商标多类注册。

所谓商标多类注册，是指商标注册当事人有目标性地适当选择以后有可能会涉足的行业类别。例如，商标注册申请人是生产茶叶的企业，那么他除了申请注册第30类"咖啡，茶"，还可另外申请注册第32类"啤酒；矿泉水和汽水；水果饮料及果汁"，第33类"含酒精的饮料"，第35类"广告"，第41类"教育；提供培训；娱乐；文体活动"等。这几个类别与"水"和"文化"相关，是该企业今后有可能涉足的行业。

但如果他申请注册第7类"机器和机床；马达和引擎"，第38类"电信"，就会超出该企业所能涉及的经营领域。所以，商标多类注册也必须遵循一定的章法：

（1）所选定的商品及服务类别应覆盖企业现有的业务范围。

（2）所选定的商品及服务类别应建立在预判企业未来业务范围的基础上。

（3）所选定的商品及服务类别可延伸到易混淆的商品类。

（4）所选定的商品及服务类别将涉及企业自身的可能性类。

（5）选定商品及服务类别时应考虑到有可能对企业产生负面影响的类别。

按照这样的章法或原则进行商标多类注册才是必要的。

案 例

（一）全类注册的商标"良品铺子""周黑鸭""乐福思"示例[1]

良品铺子股份有限公司将 良及良良品铺子BESTORE 商标在全类别进行注册。

湖北周黑鸭企业发展有限公司将 周黑鸭 商标在全类别进行注册。

武汉杰士邦卫生用品有限公司将 乐福思 及 LifeStyles乐福思 商标在全类别进行注册。

---

[1] 案例资料来源于湖北海峰知识产权代理有限公司业务服务案例。

（二）多类注册的商标"雅惠""众望""枫叶环球"示例[1]

湖北雅惠餐饮有限公司将 **雅惠** 商标在 29/36/39/40/41/42/43 等多类别进行注册。

湖北众望科工贸有限公司将 **众望 ZHONGWANG** 商标在 29/30/32 等多类别进行注册。

武汉扬子江食品工业园有限公司将 **枫叶环球 FENG YE HUAN QIU** 商标在 16/21/29/30/33/35/41/43 等多类别进行注册。

---

[1] 案例资料来源于湖北海峰知识产权代理有限公司业务服务案例。

未注册的图形只是视觉符号　商标与 LOGO 的法律区别

商标是用来区别某类商品或服务的名称标记。商标可以是文字、图形、字母、数字、三维标志、颜色，也可以是上述要素的组合。从法律的角度讲，大家通常所说的商标均为注册商标。因此，商标是法律概念。

LOGO 是徽标或者商标的英语 logotype 的缩写，是一种视觉标记。LOGO 同样可以是文字、图形、字母、数字、三维标志、颜色，也可以是上述要素的组合。LOGO 的设计包含了企业文化和视觉美学。因此，LOGO 是文化概念。

通常商标与 LOGO 是有机一体的。LOGO 可以是一个商标，商标也可以作为 LOGO，但是 LOGO 未必就是商标。只有进行了商标注册的 LOGO 才具有法律保护效力，而没有进行商标注册的 LOGO 仅仅只有徽标的识别意义。

商标与 LOGO 在法律上的区别有以下几点。

（1）用途界定不同：商标只能明确指定用在某一类产品上。例如注册在第 35 类"广告销售"类别上的某件商标，如果他人在第 41 类"教育娱乐"上使用相同商标名称，就不构成侵权。LOGO 则不需要指定用于某个商品或服务上，只要已申请版权保护，一旦发现他人抄袭，不管在哪一项商品或服务上，都可以进行维权。

（2）权利归属不同：商标的专有权利只属于商标权人所有。而 LOGO 的专有权利则有几种可能，或属于经约定权属的设计者的委托方，或属于未经约定权属的设计者。

（3）确权方式不同：商标必须经过国家知识产权局商标局注册才能取得商标权。LOGO 作为美术作品，创作完成即自动获得著作权，也可以在国家版权机构登记，从而获得著作权证明。

（4）保护的法律不同：商标受《商标法》保护。LOGO 受《著作权法》

保护。LOGO 可以注册为商标，那么这个商标 LOGO 就同时受《著作权法》和《商标法》保护。

（5）受保护的期限不同：商标可以每 10 年续展一次，受保护的时间是无限的。LOGO 美术作品受保护的时间，只限于设计者在世及去世后 50 年时间。

企业设计了 LOGO 只是拥有了这个图形的著作权，这种权利只能防止别人在商业用途上使用与该 LOGO 相同的图形，却不能防止别人使用与该 LOGO 图形近似的商标。所以，企业 LOGO 还是有必要通过申请注册商标来获取商标专用权，以达到整体保护的目的。

"变脸"也应守法　商标文字图形改变后应重新申请注册

许多企业在公司刚成立时，由于经营理念还不够明确或者还缺乏更深层次的思考，所以注册申请的商标 LOGO 文字或图形，往往与公司后来的发展不相匹配。这个时候就需要对企业初创时期的注册商标 LOGO 进行修改更新，俗称企业标识"变脸"。

有些企业认为自己的商标已经注册成功了，名称还是原来的名称，只是更改了字形或字体或图形，这个"商标"仍然可以自行使用。这种想法是错误的，行为是违法的。因为法律只支持已经注册的商标原始图形，如同大数据的人脸识别，整容后的人脸必须重新被录入数据库。

《商标法》第四十九条规定："商标注册人在使用注册商标的过程中，自行改变注册商标、注册人名义、地址或者其他注册事项的，由地方工商行政管理部门责令限期改正；期满不改正的，由商标局撤销其注册商标。"

商标注册成功后，如果商标注册人自行改变注册商标的文字、图形或者其组合的，一般会产生两种结果：一种是商标局会责令限期改正或撤销其注册商标；另一种是构成冒充注册商标的违法行为。

所以，企业注册商标 LOGO 的文字或图形一旦重新做了修改，改变了原先注册时的原图形象，就需要重新进行注册申请。

案　例

赤壁市茶叶协会"赤壁青砖茶"注册商标 LOGO 的变动注册示例[1]如

---

[1] 案例资料来源于湖北海峰知识产权代理有限公司业务服务案例。

图 1-14～图 1-17 所示。

图 1-14　第一次注册

图 1-15　第二次注册

图 1-16　第三次注册

国家知识产权局

地址:北京市西城区茶马南街1号　　邮政编码:100055

邮政编码：437000

湖北省咸宁市赤壁市茶庵岭镇羊楼洞茶文化生态产业园

赤壁市茶叶协会

发文编号：

TMZC59779244ZCSL01

申请日期：2021年10月13日　　申请号：59779244

商标注册申请受理通知书

赤壁市茶叶协会：

根据《商标法》和《商标法实施条例》有关规定，此商标的注册申请我局已受理。

类别：第30类。

特此通知。

湖北海峰知识产权代理有限公司

图 1-17 "赤壁青砖茶"商标注册申请受理通知书

法律确权　注册商标的八大权利

商标权是指商标所有者对其商标享有的专有使用权和专有独占权。它包含以下八项权利内容。

（一）使用权

专有使用权是商标权最重要的内容，是商标权中最基本的核心权利。它的法律特征为，商标权人可在核定的商品上独占性地使用核准的商标，并通过使用获得其他合法权益。

（二）独占权

独占权是指商标所有人可将商标权用作掌握主动权的手段，对在相同或类似商品和服务上使用与其注册商标相同或近似商标的行为进行打击，也可将商标权作为防御手段，抵御他人可能主张的商标侵权滋扰。

（三）投资权

投资权是指商标所有人有权根据法律规定和法律程序将其注册商标作为无形资产进行投资。

（四）许可他人使用权

许可权是指注册商标所有人通过签订许可使用合同，许可他人使用其注册商标的权利。许可使用是商标权人行使其权利的一种方式。

商标许可又可分三种方式。

1. 独占使用许可

独占使用许可是指在规定地域范围内，被许可人对授权使用的注册商标享有独占使用权。许可人不得再将同一商标许可给第三人，许可人自己也不得在该地域内使用该商标。

2. 排他使用许可

排他使用许可是指除许可人给予被许可人使用其注册商标的权利外，被许可人还可享有排除第三人使用的权利。即许可人不得把同一许可再给予任何第三人，但许可人保留自己使用同一注册商标的权利。排他许可仅仅是排除第三方在该地域内使用该商标。

3. 一般使用许可

一般使用许可是指许可人允许被许可人在规定的地域范围内使用合同项下的注册商标。同时，许可人保留自己在该地区内使用该注册商标和再授予第三人使用该注册商标的权利。

（五）禁止权

禁止权是指注册商标所有人有权禁止他人未经其许可，在同一种或类似商品或服务项目上使用与其注册商标相同或近似的商标。商标权具有与财产所有权相同的属性，即不受他人干涉的排他性，其具体表现为禁止他人非法使用、印制注册商标及其他侵权行为。

（六）质押权

质押权是指以商标专用权为质押标的进行质押。当债务人届期不履行债务时，债权人有权依法以该商标专用权折价或者以拍卖、变卖该商标权的价款优先受偿。其中债务人或第三人为出质人，债权人为质权人，商标专用权为质物。

商标专用权质押贷款，是一种具有创新意义的信贷品种，是指具有品牌优势的企业用已经国家知识产权局商标局依法核准的商标专用权作质押物，从银行取得借款，并按约定的利率和期限偿还借款本息的一种贷款方式。

（七）转让权

转让权是指注册商标所有人按照一定的条件，依法将其商标权转让给他人所有的行为。转让商标权是商标所有人行使其权利的一种方式，商标权转让后，受让人取得注册商标所有权，原来的商标权人丧失商标专用权，即商标权从一主体转移到另一主体。转让注册商标，应由双方当事人签订合同，并应共同向商标局提出申请，经商标局核准公告后方为有效。

（八）继承权

继承权是指商标作为无形财产，可以由其法定继承人按照财产继承的顺序继承。

个体工商户申请注册的商标权，是一项财产权利。在商标有效期内，商标注册人死亡的，其继承人应及时申报商标局，更改商标注册登记，变更注册人名称，成为新的注册人，即继承了商标权。继承人同样享有转让商标专用权，通过商标许可合同许可他人使用并收取使用费的权利。在注册商标专用权受到侵犯时，同样可以请求侵权人停止侵害，赔偿损失。继承人在商标的有效期内继承商标专用权，若注册期满，继承人可以申请续展，从而继续享有专用权。若继承人未申请续展，则丧失注册商标专用权。

企业、事业单位享有的注册商标专用权，因为不能作为某一个人的个人财产，故不能作为个人遗产被继承，而只能转让。

案 例

（一）"周黑鸭"商标获得亿元质押贷款❶

2011年5月，湖北周黑鸭食品有限公司的"周黑鸭"商标，被国家工商总局认定为中国驰名商标。这是武汉市在食品行业中的首件驰名商标。

武汉市江岸工商分局推进商标战略实施，主动深入企业，引导企业充分利用商标品牌无形资产，帮助企业拓宽融资渠道。"周黑鸭"商标专用权从汉口银行获得授信融资1亿元质押贷款，开创了武汉市利用注册商标专用权质押贷款数额最高先例。

---

❶ 案例资料来源于湖北周黑鸭食品有限公司。

（二）"超新"商标通过商标质押贷款成功，获得 1 亿元贷款❶

2020 年 3 月，江阴电工合金股份有限公司在无锡市市场监管局（知识产权局）的帮助下，成功质押企业商标，获得工商银行江阴支行 3 年内共 1 亿元的贷款。

江阴电工合金股份有限公司主要从事高铁配套产品的研发、生产和销售，主要产品包括铁路接触线、铁路承力索、铜合金母线等，该企业"超新"商标是中国驰名商标。

（三）"华亚中纺"等商标质押贷款 1.2 亿元❷

江苏省华亚化纤有限公司，是一家从事纺织品制造的民营企业。2015年，华亚化纤的"华亚中纺"商标注册成功，并且争创为江苏省著名商标。2016 年，华亚化纤便以"华亚中纺"等 6 件注册商标向银行进行抵押，经评估后获得宜兴农村商业银行 3 年长期贷款近 1.2 亿元，这也成为近年江苏省最大商标质押贷款的案例之一。

（四）"东钱湖"做质押成功换来 2 亿元贷款❸

2015 年 5 月，宁波东钱湖投资开发有限公司以省著名商标"东钱湖"商标作为质押，与浙江稠州商业银行宁波分行签下一笔 2 亿元的贷款，以用于东钱湖的民生安居工程。

据宁波市市场监管局有关负责人介绍，这笔商标质押贷款已经创下全省单笔最高额度纪录。在全国范围以单个商标作为质押贷款达到 2 亿元的也非常罕见。

"东钱湖"商标是 2003 年 3 月注册的一个全类注册商标，经过 12 年的培育发展，该商标已取得了全部 45 类商标的注册证书，目前已有 29 家区内外企业在 32 类商品、1000 万个商品上使用，是浙江省著名商标。2014 年年末，经权威性评估机构评估，"东钱湖"商标的价值达到了 52.3 亿元。

（五）"燎原"商标质押获贷 3 亿元❹

据 2018 年 6 月 20 日《甘肃晚报》报道，甘南州燎原乳业有限责任公司通过质押其"燎原"商标成功获得贷款 3 亿元，为公司发展注入新动力。

❶❷❸❹ 案例资料来源于网络相关报道。

相互关联　商标权与其他知识产权的应用关系

从知识产权角度看，商标权、著作权、专利权是相互关联的法律关系。不同权属的应用可以相得益彰。

（一）著作权是商标权的先行卫士

《商标法》第三十二条规定："申请商标注册不得损害他人现有的在先权利。"

商标权和著作权都属于知识产权，分别受《商标法》和《著作权法》保护。但著作权作品的登记审核时间一般为一个月，比商标注册申请核准时间要短很多。所以，在商标实际应用操作中，利用商标申请核准的时间差进行事先的著作权登记是保护商标独占的有力武器。

还有一种情况，就是某件商标图案或者创新的词组概念，在商标注册申请前也没有进行著作权登记，但是由原创作者在自己的微博或微信公众号里进行了发布传播，这也可以作为著作权在先权利的证据。

著作权还有一项特别重要的价值，就是其知识产权保护力度在某种程度上甚至与驰名商标保护力度相当，等于在所有商品和服务上都给予了全类保护。

（二）商标权是专利权的延续保障

再好的技术专利，法律保护期也是有限的。这是专利权的缺憾。

发明专利保护期为 20 年，实用新型专利和外观设计专利保护期分别为 10 年和 15 年。而同为知识产权的商标权，则是以 10 年为一个保护周期，可以通过不断续展得到专有权的长期保护。

如果专利产品有一个好的商标，就算专利到期失效了，产品依然可以随着商标无形资产价值的积累，具有较强的竞争力。商标品牌形象可以提高专利产品的持久信任度。

案 例

"DYNEEMA 及图"注册商标遭遇在先著作权诉争[1]

2004 年 6 月 14 日，楼跃斌等人申请注册第 4115813 号"DYNEEMA 及图"商标，如图 1-18a 所示，于 2007 年 10 月 14 日初审公告在第 28 类"游戏机；玩具；纸牌；体育活动器械；钓具；运动球类；竞技手套；握力器；圣诞树用装饰品（照明用物品和糖果除外）；锻炼身体器械"商品项目上。

帝斯曼知识产权资产有限公司（以下简称帝斯曼公司）认为该商标严重侵犯了其"DYNEEMA 及图"文字和图形组合作品的在先著作权，即向国家知识产权局商标局提起异议申请。

帝斯曼公司主张的作品由"Dyneema"文字与曲线图形组合而成，其中曲线图形系对纤维线的图形表达，其与原创的"Dyneema"文字共同构成的图形与文字组合，具有独创性，构成著作权法上的美术作品。

帝斯曼公司提供的作品说明显示，该作品在皇家帝斯曼集团的附属公司 DSMDyneema B. V. 的委托下，由 Ten International B. V. 广告公司于 1986 年创作完成。作品描绘了当时已经存在的 Dyneema 商标标识与线条的结合，刻画出了经特殊凝胶纺丝处理后的纱线形态，以直线线条形态取代了混杂线条形态，反映了纤维的凝结样式。

帝斯曼公司还提供了全球发行的出版物"Dyneema SK60"，其中均载有该图文作品（见图 1-18b），并注有 A Subsidiary of DSM and Toyobo 字样，以及于荷兰印刷 TEN Inc 1987/1988 字样（Ten International B. V. 简写）。

该异议申请和异议复审申请以及一审、二审行政诉讼，经过商标局、商标评审委员会以及北京市第一中级人民法院和北京市高级人民法院多轮

---

[1] 案例资料来源于网络相关报道。

程序，直至 2017 年 12 月最高人民法院开庭审理了该商标异议再审案。

最高人民法院经审理认为，被异议商标与在先创作并发表的作品完全相同，第三人未给出合理解释，被异议商标属于未经许可擅自复制他人作品的情形，违反了《商标法》第三十一条关于损害在先权利的规定。最高人民法院最终裁定被异议商标的申请违反了 2001 年《商标法》第三十一条的规定，不应予以核准注册。

该案入选 2018 年度中国法院 10 大知识产权案件及 50 件典型知识产权案例。

(a) 被异议商标　　　(b) 图文作品

图 1-18　被异议商标和图文作品

展示有范围　商标法意义上的商标使用

商标注册是为了商标在市场使用中受《商标法》保护。只有不断使用的商标才有市场价值。

商标的使用，通俗的说法就是公开展示，也就是将商标用于商品、商品包装或者容器以及商品交易文书上，或者将商标用于广告宣传、展览以及其他商业活动中，便于他人识别商品来源的行为。

（一）商品商标的使用

将商标附着在商品、商品包装、容器、标签等上，或者使用在商品附加标牌、产品说明书、介绍手册、价目表等上。

商标使用在与商品销售有联系的交易文书上，包括使用在商品销售合同、发票、票据、收据、商品进出口检验检疫证明、报关单据等上。

商标使用在广播、电视等媒体上，或者在公开发行的出版物中发布，以及以广告牌、邮寄广告或者其他广告方式为商标或者使用商标的商品进行的广告宣传。

商标在展览会、博览会上使用，包括在展览会、博览会上提供的使用该商标的印刷品及其他资料。

（二）服务商标的使用

商标直接使用于服务场所，包括使用于服务的介绍手册、服务场所招牌、店堂装饰、工作人员服饰、招贴、菜单、价目表、奖券、办公文具、信笺以及其他与指定服务相关的用品上。

商标使用于和服务有联系的文件资料上，如发票、汇款单据、提供服务协议、维修维护证明等。

商标在展览会、博览会上使用，包括在展览会、博览会上提供的使用该商标的印刷品及其他资料。

(三) 以下情形，不被视为商标法意义上的商标使用

(1) 商标注册信息的公布或者商标注册人关于对其注册商标享有专用权的声明。

(2) 未在公开的商业领域使用。

(3) 仅作为赠品使用。

(4) 仅有转让或许可行为而没有实际使用。

(5) 仅以维持商标注册为目的的象征性使用。

(6) 商标注册人提交的使用证据如果改变了注册商标的主要部分和显著特征，也不能认定为注册商标的使用。

案 例

"良品铺子"商标在商品包装、店堂装潢、门店招牌上的规范使用示例❶，如图1-19～图1-21所示。

图1-19 良品铺子商品包装

---

❶ 案例资料来源于良品铺子股份有限公司。

图 1–20　良品铺子店堂装潢

图 1–21　良品铺子门店招牌

细节有讲究　注册商标规范使用的提示

注册商标在实际使用中不能随心所欲，或者忽视细节，否则就偏离了商标法确权的范围。

一、注册商标标记的正确标注位置

符号®，是"注册商标"的标记，意思是该商标已在国家商标局进行注册申请并已经商标局审查通过，成为注册商标。圆圈里的 R 是英文 register（注册）的开头字母。®是法定的注册商标的标记。只要在商标上标注®或圆圈中加"注"，就表明该商标已在商标局核准注册，是一个注册商标。未核准注册的商标，不得在商标上标注®或㊟，否则就构成冒充注册商标行为。

《商标法实施条例》第六十三条有明确的规定："使用注册商标，可以在商品、商品包装、说明书或者其他附着物上标明'注册商标'或者注册标记。注册标记包括㊟和®。使用注册标记，应当标注在商标的右上角或者右下角。"

案　例

（一）"Haier"与"海尔"谁是注册商标

图 1-22 中拼音字母组合"Haier"右上角标注有注册商标®符号，说明"Haier"是注册商标。而该图示中汉字"海尔"没有标注注册商标®符号，受众就会产生疑问：汉字"海尔"是不是注册商标呢？

虽然注册商标没有硬性规定必须标注注册商标®符号，但在同一个整体的商标图文展示中，®符号只标注其中某一个元素"Haier"，这样的标注是不严谨的，因为受众会误认为另一个元素"海尔"是未注册商标。

该图例正确的标示应该是：注册商标®符号标注在"Haier 海尔"的右上角，或者"Haier 海尔"都不标注®符号，这样整体的视觉元素才都是合规的注册商标。

图 1-22 "海尔"图例

（二）"黄鹤楼酒"注册标记的位置之差别辨析

"黄鹤楼酒"商标，规范的注册标记®可以在"黄鹤楼酒"的右下角标注（见图 1-23），或在"黄鹤楼酒"的右上角标注（见图 1-24），以保护"黄鹤楼酒"注册商标的完整性。如果注册标记®在"鹤楼酒"三个字上的旁边标注（见图 1-25），"鹤楼酒"便不属于注册商标保护要素。

需要说明的是，"黄鹤楼酒"商标图样中的"酒"作为通用商品名，是可以作为商标图案的一部分元素，但需要进行弱化处理，不能作为主要显著部分。

图 1-23 "黄鹤楼酒"注册标记位置（一） 　　**图 1-24 "黄鹤楼酒"注册标记位置（二）** 　　**图 1-25 "黄鹤楼酒"注册标记位置（三）**

二、不能擅自改变注册商标字体与图形

为了保护注册商标专用权，要以核准注册的商标为限；实际使用的商标应与核准注册的商标图样一致；只能按比例放大缩小，不得自行改变商标的文字、图形和颜色。

由于汉字和字母都有不同的字体，自行改变商标导致外观有很大差别，因此要求注册什么字体就使用什么字体。在实践中，很多商标权利人在使用时，会对商标的字体或者图形的组合进行改动，这样，既违反了《商标法》的规定，也不利于消费者认知该商标，还给侵权者造成可乘之机。

《商标法》第四十九条规定："商标注册人在使用注册商标的过程中，自行改变注册商标、注册人名义、地址或者其他注册事项的，由地方工商行政管理部门责令限期改正；期满不改正的，由商标局撤销其注册商标。"

《商标法》第二十四条规定："注册商标需要改变其标志的，应当重新提出注册申请。"

商标注册成功后是不能随意改变字体的，如果申请人须改变字体，建议重新注册新商标。

案 例

"西溪"与"西喜"谐音不同字受处罚[1]

2000年7月，某食品厂擅自将其注册商标"西溪"改为"西喜"，并加上注册标记，使用在本厂的冷饮产品包装上。工商行政管理机关调查后认定："西溪"与"西喜"读音虽然相同，但两者的字形、含义完全不同，食品厂擅自改变注册商标的文字，其使用的"西喜"商标未经国家商标局核准注册，已构成冒充注册商标的违法行为，遂依照《商标法实施细则》第三十二条规定，禁止该厂进行广告宣传，收缴其全部商标标识，并处罚款7000元。

---

[1] 案例资料来源于网络相关报道。

鸡鸭不同笼　搞懂商标类似群组的关系

根据《商标法》规定的商标注册，一个注册申请上，只能选择某一个大类，但这一个大类中存在若干个小项。这些小项的类似关系就是商标类似群组。

商标类似群组，是指在商标分类表里面，把这些群组作为类似的产品来保护。类似群组的作用，旨在保护优先注册商标的商标使用者的合法权益。

我们以国际商品分类第 7 类为例。第 7 类主要包含机器和机床，马达和发动机（陆地车辆用的除外），机器传动用连轴节和传动机件（陆地车辆用的除外），非手动农业工具，孵化器等。本类共有 53 个群组。

比如申请人如果以"华丰"商标名称，在先注册了第 7 类，并在第 7 类的 0701 类似群组中分别挑选了指定商品：打谷机 070043，收割机 070051，割草机和收割机 070051，玉米脱壳机 070089，稻草切割机 070210，那么别人的"华丰"近似商标，就没有办法在这 5 个商品类别注册成功了。

但如果他人以"华丰"商标名称，在第 7 类的 0703 类似群组中分别挑选了指定商品：木材加工机 070055，刨花机 070071，原木传送机 C070015，就不存在商标近似的问题，是可以成功核准注册的。

判定商标是否构成近似，首先应认定指定使用的商品或服务，是否属于同一种或者类似商品或服务。具体要看，在商品分类的类似群组中是否存在重叠和关联。

虽然上述的两个"华丰"商标都是注册第 7 类的机械商品，但两类机械产品分别属于不同的使用领域，一个是农业，另一个是木材加工业。这就好比鸡和鸭都同属于家禽，但鸡和鸭的形体及外貌特征并不一样。另外，鸡只能在旱地生存，而鸭则是喜水禽类，鸡和鸭分别有自己的生活习性和群栖领地，所以这两类家禽是不能混为一谈的。

附：《类似商品和服务项目名称及编号》表截图（第7类）（见图1-26）

群组代号	群组名称	项目名称及编号	备注
0701	农业用机械及部件（不包括小农具）	农业机械070008, 农业起卸机070009, 犁070028, 打谷机070043, 收割机070051, 割草机和收割机070051, 捆草装置070058, 捆干草机070058, 玉米脱壳机070089, 谷物除芒机070089, 谷物去壳机070089, 犁铧070100, 中耕机070138, 铲草皮犁070148, 排水机070158, 植物茎、柄、叶分离器070168, 谷物脱粒机070169, 晒晾机070186, 割草机刀070188, 割草机070188, 播种机070201, 切草机070201, 稻草切割机070210, 耙070213, 喷雾器（机器）070214, 喷雾机070214, 脱粒机刀片070223, 切草机070223, 收割机070268, 收割捆扎机070269, 收割脱粒机070270, 耙机用耙070323, 耙机070324, 除草机070344, 播种机（机器）070348, 扬谷器070379, 非手工操作农业器具070388, 机动耕作机070513 ※插秧机C070001, 植树机C070002, 种子发芽器C070003, 沼气出料机C070004, 种子清洗设备C070005, 采茶机C070366	注：1. 喷雾器（机器）、喷雾机与0803杀虫剂（手工具）、杀虫剂喷雾器（手工具）、杀虫剂用喷雾器（手工具）、杀虫用喷雾器类似；2. 排水机与1106组农业用排灌机类似。
0702	渔牧业用机械及器具	（一）水族池通气泵070005, 水族馆通水泵070005, 热力捕鲸机（机械）070229, 收网机（捕鱼用）070478, 拖网机（渔业）070478 （二）粉碎机070153, 乳饲料机070195, 工业用切碎机（机器）070149, 机械化牲畜喂食机070517 ※饲料粉碎机C070006, 青饲料切割机C070007, 块根切割机C070008, 饲料蒸煮器C070009 （三）挤奶机070367, 挤奶机用奶头杯070368, 挤奶机械070368, 挤奶机用杯器070368, 孵卵器070442 ※养蜂巢础机C070010, 养鸡笼养设备C070011, 摇蜜机C070012 （四）动物剪毛机070431	注：1. 本类似群各部分之间商品不类似；2. 跨类似群保护商品：粉碎机（0702, 0725, 0733, 0752）；工业用切碎机（机器）（0702, 0709, 0752）。
0703	伐木、锯木、木材加工及火柴生产用机械及器具	锯台（机器零件）070035, 木材加工机070055, 凿榫机070071, 刨花机070071, 锯条（机器零件）070226, 刨削机070321, 机锯（机器）070341 ※绞盘机C070013, 编筏机C070014, 原木传送机C070015, 制木屑的机器C070016, 拼板机C070017, 火柴生产工业用机器C070018	注：机锯（机器）、锯条（机器零件）与0742带锯、圆锯片（机器零件）、龙锯、截锯（机器零件）、往复锯类似。

图1-26 《类似商品和服务项目名称及编号》表截图

捷径走不得　抢注名人的名字做商标违法

名人容易引起社会关注，于是一些商家想投机走捷径，通过抢注名人的名字作为商标名称，来达到吸引关注的目的。

《商标法》第四条第一款规定，自然人、法人或者其他组织不以使用为目的的恶意商标注册申请，应当予以驳回。第十条第一款第（七）项规定，带有欺骗性，容易使公众对商品的质量等特点或者产地产生误认的标志不得作为商标使用。第十条第一款第（八）项规定，有害于社会主义道德风尚或者有其他不良影响的标志，不得作为商标使用。

未经当事人授权，将名人姓名作为商标名称，主观上带有欺骗性，客观上存在误导消费者的不良倾向，同时也侵犯了他人姓名权与名誉权，会受到法律处罚。

案　例

（一）"杨倩""丁真"不是商家拿来揽生意的金字招牌

在第32届奥林匹克运动会上，中国体育代表团取得优异成绩，为祖国和人民赢得了荣誉。但个别企业和自然人把"杨倩""陈梦""全红婵"等奥运健儿的姓名进行恶意抢注，提交商标注册申请，以攫取或不正当利用他人市场声誉，侵害他人姓名权及其合法权益，产生了恶劣的社会影响。

2021年8月19日，国家知识产权局发布通告，依法驳回"杨倩""陈梦""全红婵"等109件商标注册申请，并将不断强化对包括奥运健儿在内的具有较高知名度的公众人物姓名的保护。

通告指出，国家知识产权局将保持严厉打击商标恶意抢注行为的高压态势，对违反诚实信用原则、恶意申请商标注册、图谋不当利益的申请人及其委托的商标代理机构，依法依规严肃处理，持续营造良好的创新环境和营商环境。

此前，四川康巴小伙丁真的视频火爆全网，"丁真"商标也屡遭商家抢注。2021年2月10日，国家知识产权局官方网站连续发布2则通告，依法驳回"丁真"等商标注册申请，共计91件。

（二）深圳一家企业抢注网络热词"添神"商标被处罚

据2021年10月26日《深圳特区报》报道：台铃电动车关联公司深圳台铃科技集团有限公司（以下简称台铃公司），向国家知识产权局申请注册的"添神下凡"商标，违反商标法规，被深圳市市场监督管理局宝安监管局罚款5000元。

"添神"是网络热词，特指在第32届奥林匹克运动会男子百米田径赛上取得优异成绩的体育明星"苏炳添"。台铃公司未取得权益人授权许可，恶意抢注东京奥运会中国运动员姓名及相关热词商标，涉嫌违反了《关于规范商标申请注册行为的若干规定》，依法应予以立案查处。

（三）恶意抢注"冰墩墩""谷爱凌"等商标遭阻击

2022年2月14日，国家知识产权局发布《关于依法打击恶意抢注"冰墩墩""谷爱凌"等商标注册的通告》（以下简称《通告》）。《通告》称，2019年以来，少数企业、自然人以牟取不当利益为目的，将北京2022年冬奥会和冬残奥会吉祥物、运动健儿姓名等冬奥热词进行恶意抢注，委托代理机构提交商标注册申请，非法利用奥运会和奥组委的声誉，侵害他人姓名权及其合法权益，造成了重大社会不良影响，损害了我国严格保护知识产权的良好形象。

《通告》依据《奥林匹克标志保护条例》及《商标法》第十条第一款第（八）项等规定，对第41128524号"冰墩墩"、第62453532号"谷爱凌"等429件商标注册申请予以驳回；依据《商标法》第四十四条第一款规定，对已注册的第41126916号"雪墩墩"、第38770198号"谷爱凌"等43件商标依职权主动宣告无效。

车同轨不同　莫将商标当商号

有的人认为商标就是商号，其实，商标与企业名称中的商号是不同的概念。商标是经国家知识产权局商标局注册的，企业名称中的商号是由地方市场监督管理局审批的，前者具有全国效力，后者则只限于地方的属地管理。

就好比商标和商号都是在市场运行的列车，但行车的轨道却各异。"商标"号列车的轨道通行全国，而"商号"号列车的轨道只能在所属地通行。

具体来讲，商标和商号的区别主要有以下几点。

（1）商标是依照《商标法》申请注册和使用，其专用权在全国范围内有效，并有法定的时效性；商标权受到《商标法》的专门保护。企业名称中的商号是依照《公司法》或《企业登记管理条例》申请登记注册，其专用权在所登记的市场监督管理机关管辖的地域范围内有效，并与企业同生同灭；商号权仅按照《民法典》关于企业名称权的保护方法进行保护。

（2）商标是区别不同的商品来源的标志，由文字、图形或者文字和图形的组合构成，需要以企业或者个体工商户的名义，在企业成立之后申请。注册商标专用权以类别为保护范围（驰名商标例外），在注册类别中全国范围内均具有排他性，同样的文字和图形只有在跨类别的情况下才允许注册商标。商号作为企业名称的一部分，是用来区别不同市场主体的标志，企业名称由行政区划、字号、行业特点和组织形式构成，在企业设立之初便确定下来。商号是企业名称的最主要构成部分，以地域为保护范围，在相同注册区域内具有排他性，即使跨行业也不得注册相同的字号。

（3）商标代表着商品或服务的信誉，必须与其所依附的某些特定商品相联系而存在。商号主要是用来区别企业的，代表着经营实体的信誉，必须与商品的生产者或经营者相联系而存在。

（4）商标可以作为无形资产符号许可其他商号的企业使用，商号则不具备此项功能。

（5）某公司商品被销售到另一国家时，商标有必要在该国另行注册；商号没有必要另行注册。

（6）商标与商号存在表现元素上的差异性，很多商号名称不具有显著特征，所以无法注册成商标。

虽然商标和商号在概念上并不相同，但在市场上，两者起到的辨识效果似乎非常相似。商标和商号都有可能成为消费者购买的判断依据。正是因为这种相近似的辨识效果，在企业的经营活动中，有时会发生商标与商号相冲突的情况。主要表现为两种方式：一是将他人享有商标权的商标作为商号注册使用；二是将他人较为知名的商号抢先注册为商标使用。

为防止和避免同业竞争中商标与商号的冲突，作为市场主体，经营者应及时地将注册商标与商号相统一。尤其是市场知名度较高的注册商标，市场主体更应该积极主动地拿起法律武器维护自身的合法权益。

案 例

彼"周黑鸭"不是此"周黑鸭"[1]

"周黑鸭"是市场知名的卤味熟食商品商标。正是因为"周黑鸭"享有较高的市场知名度，不少卤味鸭脖都穿上了它的外衣，冒充起"这只著名的鸭子"。一时间"周黑鸭"店铺如雨后春笋，鸭脖子的江湖真假难辨。正宗周黑鸭门店招牌如图1-27所示，假冒周黑鸭门店招牌如图1-28所示。

某些假冒"周黑鸭"的行为是以"某某地区周黑鸭公司"企业商号为名，而商标法与公司法分别属于两个不同的法律确权领域，因此周黑鸭公司的打假之路显得非常艰难。

于是周黑鸭公司启动了"驰名商标"国家认定程序。通过提供大量的市场宣传证据和连续五年的销售业绩数据，2011年5月，国家工商行政管

---

[1] 案例资料来源于湖北海峰知识产权代理有限公司维权服务案例。

理总局商标局正式认定"周黑鸭"为"中国驰名商标"。获得了"中国驰名商标"意味着"周黑鸭"商标可获得跨类保护，不仅熟食加工企业不能再注册"周黑鸭"这个品牌，其他类似及相关商品也不得注册。同时，与"周黑鸭"同名的企业商号也不能获得批准。

图 1-27　正宗周黑鸭门店招牌

图 1-28　假冒周黑鸭门店招牌

替他人服务　厘清第 35 类商标中"广告"的实际意涵

我国服务业是吸纳就业人员最多的产业。体现到服务商标数据上，无论是注册申请量还是有效注册商标量，指定在第 35 类上的商标都高居榜首。尤其 2020 年前三季度，指定在第 35 类上的注册申请为 872525 件，比排名第二位的第 30 类 425521 件高出 1.05 倍。

而在历年的第 35 类上的注册申请中，"广告"类别总是稳居第一，也就是说第 35 类上的"广告"成为最受市场主体热宠的商标。

申请人的理由是，我生产的产品必须通过广告宣传向市场推广。

其实，在商标国际分类中，第 35 类属于与商品类商标区隔的服务类商标。服务的实际意涵就是"替他人"服务。第 35 类商标类别下的服务，总的来说是为他人宣传、销售、推广。因此，第 35 类的广告是指：你作为提供服务的一方，为他人的产品或者业务做广告宣传，而不是给自己的产品或者业务做广告宣传。

也就是说，作为一家产品实体生产商，虽然没有涉及服务行业的业务，但只要在自己的主营产品或者业务类别注册了商标，都属于《商标法》意义上的对商标的正当使用，就可以放心大胆地对自己的产品或者业务进行各种方式的广告宣传，这与是否注册第 35 类商标并无必然关系。同时也没有侵犯他人在第 35 类商标上的权利，不存在涉诉或侵权风险。

在商标的实际注册业务中，由于申请人对第 35 类服务商标的误解，加上有些商标注册代理机构对第 35 类商标意涵的误导，所以第 35 类商标的注册申请量及有效注册量总是遥遥领先于其他商标业务类别。

而那些并非广告服务的生产企业，由于注册后的第 35 类广告商标无法提供"替他人"宣传服务的证据材料，经常会面临注册商标被撤销的风险。

案 例

"京东"第35类注册商标复活记[1]

2001年5月,河北省香河县长城石油化工制品有限公司(以下简称香河长城公司)提交了第35类"京东"商标注册申请,2002年12月注册成功。但是该公司注册的第35类"京东"商标一直没有被使用,成为一枚"僵尸"商标。尽管没有被使用,为了保全这枚广大消费者耳熟能详的"京东"商标牌子,该公司在10年后又进行了商标续展。

2011年,北京京东叁佰陆拾度电子商务有限公司以"连续三年不使用"为理由,向国家商标局提出了"撤三"申请。"撤三"诉争几经周折,由于香河长城公司无法提交第35类"京东"注册商标使用的有效证据,最终北京市高级人民法院复审作出终审判决:决定予以撤销在先注册的第35类"京东"商标,如图1-29所示。2012年,北京京东叁佰陆拾度电子商务有限公司获准第35类"京东"商标注册。曾经注册而从未被使用的"僵尸"商标复活了,以"京东"为字号的注册商标开始展示在京东企业的商务平台上。

图1-29 被判决撤销的在先注册的第35类"京东"商标

---

[1] 案例资料来源于网络相关报道。

必要的程序　商标申请补正应知晓的事项

商标申请补正是指商标局对商标注册申请中不符合《商标法》有关规定的内容提出修改建议，目的是使修改后的商标注册申请能够符合《商标法》的规定。

一般来说，商标局要求补正，是因为商标申请人在递交商标申请的时候，申请手续基本齐备或者申请文件基本符合规定，但是有部分内容或者书式材料是不符合要求的。在这种情况下，商标局会发出《商标注册申请补正通知书》，限其自收到通知之日起 30 日内，按照指定内容补正并交回商标局。在规定期限内补正并交回商标局的，保留申请日期；期满未补正的或者不按照要求进行补正的，不予受理。

商标补正，一般是指申请注册过程中所提交的申请资料出现了一定的问题，但是问题不是很大，也不会影响商标本身，可以提交资料进行修正。

申请手续基本齐备或者申请文件基本符合规定但需要补正的一般包括以下情况：

（1）所填报的商品/服务项目名称不规范、不具体。

（2）所填报的商品/服务名称不属于同一类别。

（3）商标图样不清晰。

（4）需要对商标图样中的文字做出说明。

（5）提交的书件材料不规范。

（6）提交的书件内容表述不规范。

第一章 基础知识 | 067

案 例

崇阳县茶叶协会申请"白茶"注册商标的补证通知函件[1]

白茶商标注册申请审查意见通知书如图1-30所示。

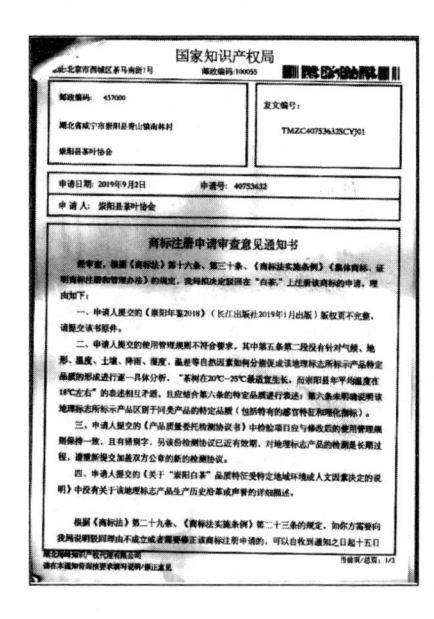

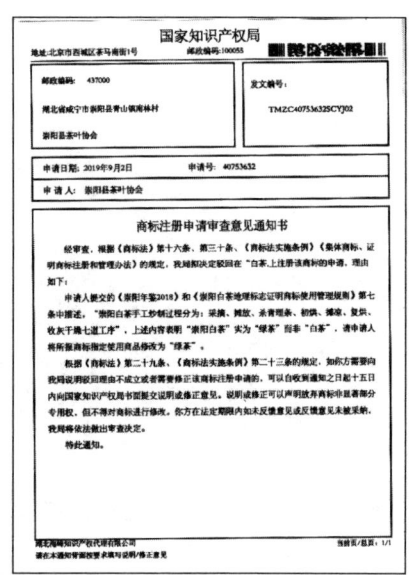

图1-30 白茶商标注册申请审查意见通知书

---

[1] 案例资料来源于湖北海峰知识产权代理有限公司业务服务案例。

第二章 攻防策略

商标权属的诉争，是商标实际使用中的常态现象——

主动出击　掌握好商标异议的规则

商标异议是《商标法》及《商标法实施条例》明确规定的对初步审定商标公开征求社会公众意见的法律程序，其目的在于监督商标局公正、公开地进行商标确权。

异议的内容，主要有两种：一是与已注册的商标相同或近似；二是认为该商标违反禁用条款。

异议的目的：保护商标在先注册人的利益；保护商标初步审查人的在先申请权；避免注册商标申请人获得不应得到的商标专用权。

一、异议流程

（一）委托商标代理机构办理

（1）签署商标代理委托书，并附异议人的身份证明（如营业执照、身份证等复印件）。

（2）准备异议书件：包括填写异议申请书、拟写异议理由及事实依据并附相关证据。

（3）由商标代理机构代异议人向商标局提交异议申请书件。

（二）直接到商标注册大厅办理

（1）准备异议申请书件：包括异议申请书、异议理由及事实依据，并附相关证据。

（2）在商标注册大厅提交申请书件。

（3）在打码窗口打收文条形码。

（4）在交费窗口缴纳异议规费。

（三）通过邮寄书件办理

（1）准备异议申请书件：包括异议申请书（可从网上下载）、异议理由及事实依据，并附相关证据。

（2）通过邮局以挂号或特快专递方式邮寄到商标局。

二、申请书件

（一）应提交的书件

（1）商标异议申请书。

（2）明确的请求和事实依据，并附有关证据材料，异议理由书应有异议人的签字或加盖公章。

（3）被异议商标初步审定公告的复印件（可从网上下载）。

（4）异议人的身份证明。

（5）经办人身份证复印件。

（6）委托商标代理机构办理商标异议申请的，还须提交商标代理委托书。

（二）具体要求

（1）一件商标异议申请只能对一个商标注册申请号的商标提出异议，每件异议申请书件应提交一式两份。

（2）异议申请书应当打字或印刷，其他书件应当字迹工整、清晰，用钢笔、签字笔填写或用打字机打印，有关证据应编排目录及相应的页码。

（3）被异议的商标及其初步审定号类别、被异议人（以《商标公告》上的商标申请人为准）的名称及地址务必填写清楚；被异议商标是通过商标代理机构申请注册的，还需填写商标代理机构名称。

（4）提出异议的异议人的名称及联系方式务必填写清楚，并在申请人章戳位置加盖与异议人名义相同的印章（异议人为自然人的，须签字或盖章)。

(5)异议人身份证明：包括营业执照复印件（加盖企业印章）、身份证复印件等。

三、裁定结果

商标局在作出异议裁定后要将异议裁定书寄给异议人与被异议人。异议裁定有两种结果：

(1)异议理由不能成立，后经初步审定的商标予以注册。

(2)异议理由充分，异议成立，原初步审定的商标不予注册。

如果异议当事人中任何一方对裁定不服，可在收到异议裁定通知书日起15天内，向商标评审委员会申请商标异议复审，商标申请注册转入申请商标异议裁定审查阶段。

案 例

(一)"时见鹿"商标被抢注通过异议失而复得❶

2018年8月3日和2018年10月17日，纽宾凯集团有限公司（以下简称纽宾凯集团）向国家商标局分别提交了商品服务类别第35类"时见鹿"商标注册申请，均以引证第32601769号"时见鹿"商标被驳回。原来是有人已在2018年7月31日在先申请了"时见鹿"商标注册。

纽宾凯集团总部地处武汉，而在先申请"时见鹿"商标的申请人地处广东某县。两个"时见鹿"商标的申请主体几乎同时申请同一名称的商标注册，是天缘巧合吗？非也。而是因为纽宾凯集团原创的"时见鹿"商标使用在先，且在社会上公开传播具有了一定的知名度，才遭致有心人恶意抢注。

2019年3月27日，纽宾凯集团向国家知识产权局商标局对恶意抢注的

---

❶ 资料来源于湖北海峰知识产权代理有限公司维权服务案例。

第 32601769 号"时见鹿"商标提出商标异议申请,并提供了"时见鹿"使用在先的充分证据。

(1) 纽宾凯集团于 2017 年 1 月 13 日委托武汉平和堂广告策划有限公司设计完成"时见鹿"文字商标图样。

(2) 纽宾凯集团与时见鹿(武汉)文化发展有限公司、九州远景商旅文发展有限公司的关系说明。

(3) 2017 年,纽宾凯集团副总裁谭晓光参加中国房地产百强企业研究成果发布会上提出"时见鹿"书店筹备计划。

(4) 2017 年,纽宾凯集团和九州远景商旅文项目招商发布会宣传提出筹办"时见鹿"书店筹备计划。

(5) 2017 年 6 月 25 日,纽宾凯集团副总裁谭晓光在中购资讯的专访中对外提出"时见鹿"书店筹备计划。

(6) 2017 年,九州远景商旅文发展有限公司 CEO 赵润涛先生在广州出席第 12 届中国商业地产节中提到"时见鹿"书店。

(7) 2018 年 6 月,时见鹿(武汉)文化发展有限公司部分发票和相关网络报道。

这些证据足以证明,在 2018 年 7 月 31 日申请"时见鹿"商标注册之前,纽宾凯集团原创的"时见鹿"商标已经在社会上实际使用并公开宣传。

新《商标法》第五十九条第三款明确规定了商标在先使用权制度。根据相关条文,商标在先使用权是指在商标注册人申请注册商标之前,未注册商标的在先使用人已经在同一种商品或者类似商品上,先于商标注册人使用与注册商标相同或者近似并有一定影响的商标。

我国现行《商标法》第三十二条规定:"申请商标注册不得损害他人现有的在先权利,也不得以不正当手段抢先注册他人已经使用并有一定影响的商标。"该条款为了维护诚实信用原则,对已经使用并有一定影响的商标予以保护,以制止恶意抢注的行为,是对商标注册制度的有效补充。在商标异议、不予注册复审及无效宣告案件的个案审理中,符合所述案由的可以适用该条款。

正是基于《商标法》第三十二条规定,纽宾凯集团向国家知识产权局商标局对恶意抢注的第 32601769 号"时见鹿"商标提出商标异议申请,得到了依法公正处理。国家知识产权局商标局发文宣告第32601769号"时见鹿"注册商标无效。

（二）"味福"商标利用异议维护知识产权[1]

武汉味福调味食品有限公司在先注册了"味福WEIFU及图"商标，商标注册号为第691136号。该商标核定使用商品为第30类"胡椒粉；花椒粉；生姜末；酱油；五香粉；鱼味粉"等。

山东千滋百味供应链管理有限公司随后也提交了"福味福"商标注册申请，注册号为第52245639号。该商标指定使用于第30类商品"咖啡；茶；糖；蜂蜜；面包；饺子；方便面；冰淇淋；酱油；调味品"等。经国家知识产权局（国知局）初步审定并刊登在第1748期《商标公告》上。

武汉味福调味食品有限公司向国知局提出近似商标异议。国知局依据《商标法》有关规定予以受理。

国知局审查意见认为：被异议商标指定使用商品"酱油；调味品"与异议人引证商标核定的商品在功能、用途及销售渠道等方面相同，属于相同或类似商品，且被异议商标完全包含异议人引证商标显著部分文字"味福"，易使相关公众误认为两者系来自同一市场主体的系列商标或存在特定联系，被异议商标使用在上述类似商品上，与异议人引证的第691136号"味福WEIFU及图"商标构成了类似商品上的近似商标，易造成消费者的混淆误认。

依据《商标法》第三十条、第三十五条及《商标法实施条例》第二十八条规定，国知局决定：第52245639号"福味福"商标在"酱油；调味品"商品上不予注册。

---

[1] 资料来源于湖北海峰知识产权代理有限公司维权服务案例。

水来土掩　商标被异议的应对之方

商标局在受理商标异议申请后，会将异议人的商标异议申请书及异议理由和证据材料等的副本送交被异议人或被异议人的代理机构，限定被异议人在收到之日起 30 日内答辩，被异议人在限定期限内未作出书面答辩的，视为放弃答辩权利。

在商标公告期，如果商标申请人被提出了商标异议，那么只有选择异议答辩，商标注册成功概率才更大。

（一）积极准备商标异议答辩

（1）商标被异议如果选择不进行答辩，那么该商标就会直接进入异议程序，由异议处审查员根据异议人提供的证据材料作出裁定。异议人的理由一旦充足，商标就会被视为商标注册无效，不予注册。

（2）商标异议答辩，是《商标法》赋予当事人的法定权利。这也是当事人反驳异议人观点的唯一办法。

（二）商标异议答辩资料要件

（1）答辩理由书。

（2）答辩通知书或者评审证据交换通知书的原件。

（3）答辩人主体资格证明文件、能够支持答辩理由的相关证据材料。

（4）被异议人所提供的答辩材料中如果有外文书件，必须翻译成中文，否则，该外文异议答辩将不作为异议答辩材料使用，并退回给当事人。

（三）商标异议答辩的证据材料明细

（1）商标设计理念及其独创性、使用情况（知名度）。

（2）企业简介。

（3）企业所获得的各项荣誉或在行业内的排名情况。

（4）企业最近三年的合同和票据。

（5）企业对外宣传的媒体报道或图片广告（具体到合作媒体，并提供合作合同及票据）。

（6）企业产品的外观彩图。

（7）最早使用此商标的证明材料。

（8）其他可证明企业产品知名度的证据材料。

（四）商标异议答辩规划

（1）保存好《商标异议答辩通知书》的正本和邮寄通知书的信封，并确定提交异议答辩的最后日期。

（2）请商标专业机构帮助分析被异议原因以及应对办法。

（3）准备充分异议答辩证据，尽量收集有效的证据与资料以提高异议答辩成功概率。

（4）制定科学异议答辩策略。

（五）商标异议答辩技巧

1. 抓住重点

围绕异议理由，答辩书内容所阐释的事实依据要抓住重点，据理反驳。

2. 条理分明

在辩驳商标不近似时，应逻辑关系清楚、条理分明。首先确定是否属于类似商品，要从商品的本身来说明有区别，尤其是对消费者的购买使用是否产生影响；然后在同属类似商品的情况下，再辩驳商标不近似，要从商标的音、形、义等方面分别进行叙述，同时结合被异议商标通过实际使用取得了区别性方面的叙述，最后明确得出不近似的结论。

3. 针对性强

答辩书中内容不能与商标异议答辩通知书及异议理由的内容脱节，或者与异议的内容完全无关。答辩就是要对异议人的理由逐条进行反驳。

4. 证据充分

有理还需有据，对异议的裁量以证据为重。被异议人应尽可能提供充分的证据，表明所答辩内容的真实性。

案 例

(一) 知识产权专业机构参与，"城云" 商标化险为夷[1]

武汉城云科技有限公司在 2018 年申请注册的第 37 类"城云"商标初审后，被城云科技（中国）有限公司提出商标异议申请，认为武汉城云科技有限公司侵犯了城云科技（中国）有限公司的商号权。

武汉城云科技有限公司委托湖北海峰知识产权代理有限公司（以下简称海峰知识产权公司）代理异议答辩事宜。海峰知识产权公司从商标专业角度找到了异议者的漏洞，在异议材料中，指出对方只是一家互联网网络经营、维护公司，与第 37 类的设备、电子设备等维修业务维护存在明显的服务区别，存在跨类异议，并以此为重点进行质疑答辩，达到了有效复审目的，最终获得国家知识产权局商标局认可，为武汉城云科技有限公司保住了第 37 类"城云"商标专有权益。

(二) 据理力争的异议答辩，为 "阿一波" 商标合法正名[2]

2018 年，福建省泉州市晋江市阿一波食品有限公司向国家知识产权局商标局提交"阿一波"商标异议申请。异议理由：湖北省咸宁市咸安区京京湖北纺织用品有限公司在国际分类第 16 类和第 35 类上的"阿一波"注册商标，侵害了阿一波食品有限公司"阿一波"驰名商标的有关权利。

京京湖北纺织用品有限公司委托湖北海峰知识产权代理有限公司代理异议答辩事宜。海峰知识产权公司认真准备了异议答辩书件，答辩指出：被异议商标的申请时间为 2017 年 5 月 5 日，被答辩人的驰名商标获得的时间为 2017 年 12 月。根据被答辩人提交的使用证据材料，根本无法证明其在

---

[1][2] 资料来源于湖北海峰知识产权代理有限公司维权服务案例。

第 16 类商品及第 35 类服务项目上在先使用"阿一波"商标的事实。答辩理由证据有力,国家知识产权局商标局驳回了阿一波食品有限公司的"阿一波"商标异议申请。京京湖北纺织用品有限公司的第 16 类和第 35 类"阿一波"注册商标得以继续合法使用。

上兵伐谋　认真把握好商标"撤三"的攻防策略

商标"撤三",指的是已经注册的商标没有正当理由连续三年不使用而被他人依法提出撤销商标申请,是一种注册商标撤销处理程序。也就是说,如果一个商标满足了"没有正当理由"而且"连续三年不使用",就会面临被"撤三"的风险。

我国是实行商标注册制的国家,以在先申请为主、在先使用为辅,规定通过商标申请就可以获得注册商标专用权,而不需要另行提供商标使用证明。这就造成了一个"注册而不使用"的客观现象,商标界将这些已注册但并不实际使用的闲置商标,称作"僵尸"商标。事实上,"僵尸"商标抢占了有限的商标资源,阻碍了想要正常使用的商标申请人的获权。鉴于这种现实情况,国家商标局出台了"无正当理由连续三年不使用,任何单位或个人可以申请撤销该注册商标"的商标"撤三"制度。

商标被"撤三"成功后,原商标权属人将失去对该商标的专有权,无法继续在商品或服务上使用该商标。

商标"撤三"制度是一柄法律之剑。它约束和警示在先注册的商标权属人,在商标注册获权后,切不可将其束之高阁,闲置不用。商标"撤三"制度同时也是一叶渡人之舟。它告诉和安慰在后提交注册商标的申请人,可以利用"撤三"制度,达到排除在先商标权利障碍的目的。

在商标注册实践中,如何把握好商标"撤三"的攻防策略,对于商标注册当事人都是智慧的考验。

作为攻方,当事人在商标注册申请之前,就寻找在先注册商标连续三年未使用的证据,申请"撤三"先发制人。一方面可以对引证商标掌握主动权,降低先使用后注册的侵权风险。另一方面,也可以直接影响国家商标局,使其对申请人依据复审程序暂缓审理的请求进行实质回应。一旦确定了引证商标不构成权利障碍，国家商标局就可以直接作出对申请商标初审公告的决定，而不需要进入商标授权确权行政诉讼阶段。

那么，对于防方而言，注册商标权利人面对商标被"撤三"的风险，应该出示商标使用证据予以事实回应。

根据商业实际惯例，一般情况下仅单一的一种证据材料是缺乏说服力的。所以在出示证据时，最重要的是注意证据链条的完整性，也就是说虽然单个证据无法符合所有证据要求，但可以和其他材料形成完整的证据链证明商标的使用。

根据《商标审查及审理标准》，证据材料应当符合以下要求：

（1）能够显示商标的标识。

（2）能够显示商标使用在指定商品/服务上。

（3）能够显示商标的使用人（包括注册人和被许可人）。

（4）能够显示商标的使用日期。

（5）能够显示商标是在《商标法》效力所及地域范围内的使用。

（6）商标使用的具体形式，包括使用在与商品或服务有联系的交易文书上，主要包括销售合同、服务协议及对应的发票、检验报告、进出口报关单等。

案 例

北京某公司提出的"YA FANS"注册商标"撤三"申请遭证据阻击[1]

2021年3月，北京某公司委托当地一家知识产权代理公司，依据《商标法》第四十九条的规定，以无正当理由连续三年不使用为由，向国家知识产权局申请撤销湖北周黑鸭企业发展有限公司（以下简称湖北周黑鸭公司）第35类"YA FANS"商标在"广告"等全部核定使用上的注册。

国家知识产权局受理了北京某公司提交的"撤三"申请，并按商标业务流程，通知湖北周黑鸭公司在收到国家知识产权局通知后2个月内，提交

---

[1] 案例资料来源于湖北海峰知识产权代理有限公司维权服务案例。

2018年3月至2021年3月期间使用该商标的证据材料。

湖北周黑鸭公司及时委托湖北海峰知识产权代理有限公司，协助搜集整理连续三年的"YA FANS"商标相关使用证据。

经国家知识产权局审查，认为湖北周黑鸭公司提交的证据充分且有效，驳回了北京某公司的"撤三"申请，决定周黑鸭公司第35类"YA FANS"商标不予撤销，国家知识产权局商标"撤三"文件如图2-1所示。

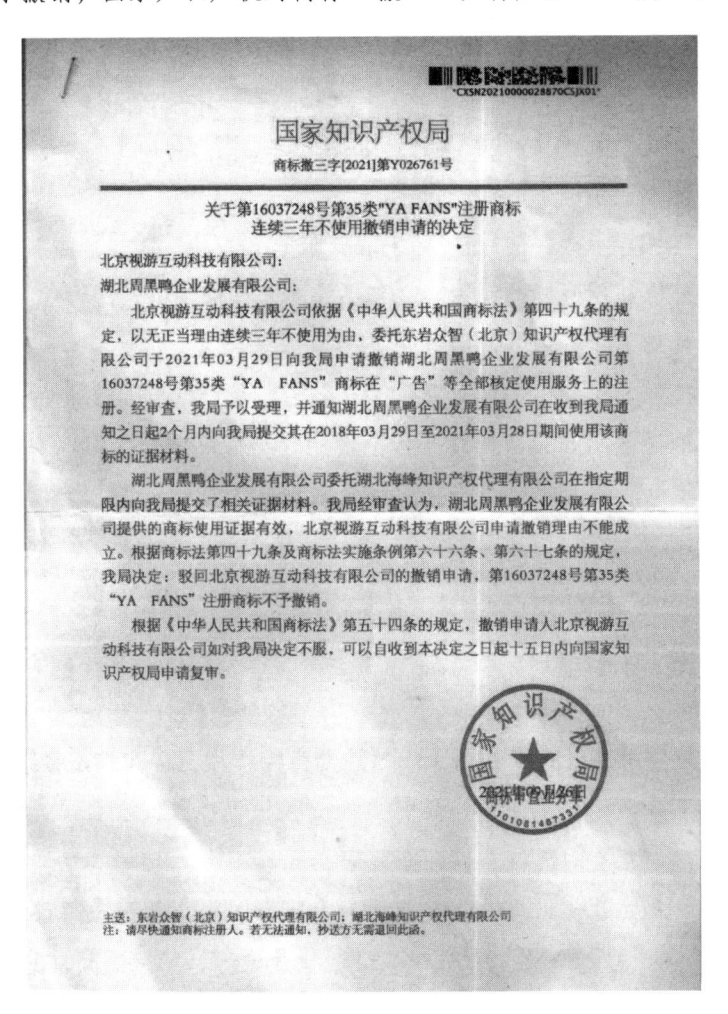

图2-1 国家知识产权局商标"撤三"文件

不轻言放弃　依法用好复审权利

商标注册被驳回是商标注册中常见的问题。

《商标法》第三十四条规定："对驳回申请、不予公告的商标，商标局应当书面通知商标注册申请人。商标注册申请人不服的，可以自收到通知之日起十五日内向商标评审委员会申请复审。商标评审委员会应当自收到申请之日起九个月内做出决定，并书面通知申请人。有特殊情况需要延长的，经国务院工商行政管理部门批准，可以延长三个月。当事人对商标评审委员会的决定不服的，可以自收到通知之日起三十日内向人民法院起诉。"

商标复审，是商标法赋予申请人的合法权利。但是，即便复审成功了，也要比注册多花一倍的时间。那么商标注册被驳回了是否还有必要复审？

驳回商标注册复审，是指商标注册申请经商标局审查后，认为该商标不能被批准，因此予以驳回，申请人对商标局的驳回理由和法律依据不服，而向商标评审委员会申请对原案的复查审议。所以商标被驳回后，要根据具体情况，详细分析驳回通知书的内容，以确定是否复审。复审相当于是多了一次交流讲理的机会，事实上有相当大一部分的商标通过"商标驳回复审"成功注册。

有人会疑惑，商标注册申请通不过，商标驳回复审却能成功，为什么会出现这种情况呢？

这就要从商标审查人员组成及审理制度的差异说起。商标注册申请是商标局一名工作人员结合在先注册或在先申请的商标相互比对、电子审查、独自判断、部分近似整体驳回的一种审查制度；商标驳回复审是商标评审委员会由三人组成合议组，结合商标驳回理由、商标驳回复审事实理由及所提交的实际使用证据材料等,综合判断、书面审理、全面把握、少数服从多数的一种审查制度。

那么,如果商标复审继续被商标评审委员会驳回,又该如何应对呢?

被异议人对商标评审委员会的决定不服的,可以自收到通知之日起三十日内向人民法院起诉。

为了提高商标驳回复审的成功率,一般情况下,可以通过商标服务专业机构向商标评审委员会提起驳回复审申请。

案 例

(一)"通城紫苏"商标申请人的坚持与努力❶

"通城紫苏"是湖北通城县具有原产地意义的自然资产和特色植物。因县域内"江南天然药库"药姑山特定地缘,特殊的地理经纬度及光照、雨量、气温、土壤等综合因素,形成了"通城紫苏"区别于其他地域紫苏的独异品质。

"通城紫苏"科属中最适合食用、口感最好的为叶面边沿齿尖像"鸡冠"状的紫苏品种,又名鸡冠紫苏。

为了切实保护好"通城紫苏"地标品牌,有效促进地方物产资源兴农富农和乡村振兴战略的实施,2018年2月,通城县通城紫苏研究所向原国家工商行政管理总局商标局,提交了"通城紫苏"地理标志证明商标注册申请。

然而,商标申请之路并不顺利。因为多年前已经有国内某知名酒类企业抢先注册了第31类"老通城"商标。

我国现行的《商标法》规定:他人注册在先的近似名称商标不得注册。

2018年9月、2019年6月、2019年10月,国家商标审查机构分别从不同的审查角度三次下发了"通城紫苏"商标审查意见书(见图2-2),要求商标申请人重新补充证据材料。

---

❶ 案例资料来源于湖北海峰知识产权代理有限公司维权服务案例。

连续多次被要求补正，商标注册申请有被驳回的风险。为此，通城县通城紫苏研究所特别委托湖北海峰知识产权代理有限公司专家参与进行复审应对，为"通城紫苏"地理标志证明商标注册申请受挫探寻解决良方。

功夫不负有心人。很快，海峰知识产权专家团队从商标依法规范使用的历史记录中，找到了化解难题的突破口——他人注册在先的"老通城"商标存在连续三年未使用的客观事实。

"老通城"商标字号本义为武汉汉口的一家老字号餐饮店铺名称，并不具备地域范围名称的词义意涵，也没有地理物产的自然禀赋。从专业技术上讲，只是该企业为注册而注册的无实际使用需求的闲置商标。根据《商标法》第四十九条规定："注册商标没有正当理由连续三年不使用的，任何单位或者个人可以向商标局申请撤销该注册商标。"

于是，"通城紫苏"商标异议复审专项负责人，带着通城县人民政府《关于"通城紫苏"品质特征及原产地域范围说明的函》红头文件，亲率服务专班同志多次与知识产权部门认真沟通，并与"老通城"商标注册人据理力争。

2019年12月20日，国家知识产权局依据《商标法》第四十九条及《商标法实施条例》第六十六条、第六十七条的规定，作出了《关于第31类"老通城"注册商标连续三年不使用撤销申请的决定》。

2021年2月27日，国家知识产权局发布了通城县通城紫苏研究所申请的"通城紫苏"地理标志证明商标核准初审公告（见图2-3）。

2021年6月30日，国家知识产权局正式下发了通城县通城紫苏研究所申请的第31类紫苏（新鲜蔬菜）"通城紫苏"地理标志证明商标证书。

经过4个年头，过程复杂曲折的"通城紫苏"地理标志证明商标终于成功申请注册，"通城紫苏"商标注册证如图2-4所示，商标申请画上了圆满的句号。

图 2-2 "通城紫苏"商标注册申请审查意见通知书

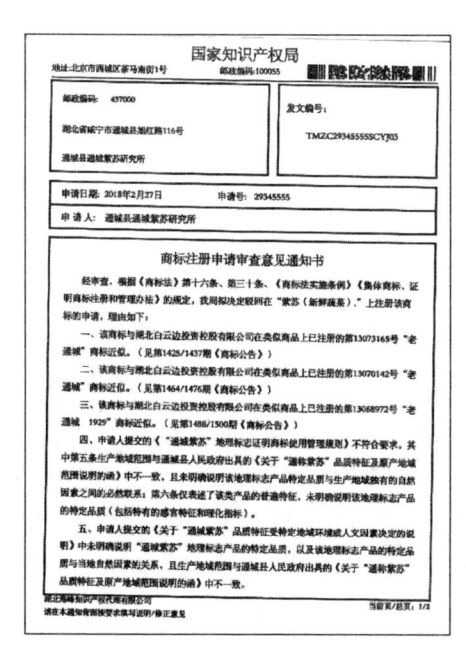

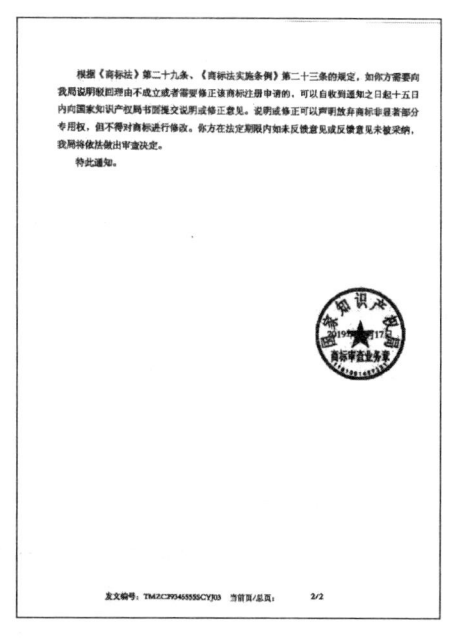

图 2-2　通城紫苏商标注册申请审查意见通知书（续）

图 2-3　"通城紫苏"商标注册申请受理通知书

图 2-4　"通城紫苏"商标注册证

(二)"叫个鸭子"商标是否有害于道德风尚[1]

2014年11月19日,北京味美曲香餐饮管理有限公司(以下简称味美曲香公司)向国家工商行政管理总局商标局提交了"叫个鸭子"图文标志商标注册申请。指定使用服务(第43类,类似群4301~4306):住所代理(旅馆、供膳寄宿处);饭店;汽车旅馆;旅游房屋出租;旅馆预定;养老院;日间托儿所(看孩子);动物寄养;烹饪设备出租;酒吧服务。

2016年4月23日,国家工商行政管理总局商标局作出《商标驳回通知书》,驳回理由:该标志违反《中华人民共和国商标法》第十条第一款第(八)项之规定,有害于社会主义道德风尚或者有其他不良影响的标志,不得作为商标使用。

味美曲香公司对商标驳回理由不服。2016年6月7日,向国家工商行政管理总局商标评审委员会(以下简称商评委)提出复审申请。

2017年2月20日,商评委作出商评字〔2017〕第11593号《关于第15740333号"叫个鸭子及图"商标驳回复审决定书》,认为:诉争商标为"叫个鸭子及图"用作商标格调不高,易产生不良社会影响。综上,商评委依据《商标法》第十条第一款第(八)项的规定,决定:诉争商标的注册申请予以驳回。

味美曲香公司对商评委的裁定不服,在起诉期内向北京知识产权法院提出诉争。

北京知识产权法院受理了该案,认为:诉争商标由文字"叫个鸭子"及鸭子卡通图形共同组成;"鸭子"通常意指一种家禽,但在非主流文化中亦有"男性性工作者"的含义;一般情况下,主流文化和价值观不能接受第二种含义用作商标使用;诉争商标指定使用在"酒吧服务、住所代理(旅馆、供膳寄宿处)"等服务上,尤其是诉争商标文字又由谓语动词组成"叫个鸭子"短语,会进一步强化相关公众对第二种含义的认知和联想,易造成不良影响。依照《中华人民共和国行政诉讼法》第六十九条之规定,作出(2017)京73行初2359号行政判决:驳回味美曲香公司的诉讼请求。

味美曲香公司不服原审判决,继续向北京市高级人民法院提起上诉,

---

[1] 案例资料来源于网络相关报道。

请求撤销原审判决及被诉决定,其主要上诉理由是:诉争商标的注册申请未违反《商标法》第十条第一款第(八)项的规定。

经北京市高级人民法院审理,认为:

《商标法》第十条第一款第(八)项规定:"有害于社会主义道德风尚或者有其他不良影响的标志,不得作为商标使用。"该条所称"不良影响",是指商标的标志本身的注册使用有害于道德风尚或对国家政治、经济、文化、宗教、民族等社会公共利益和公共秩序产生消极的、负面的影响。

诉争商标由文字"叫个鸭子"、鸭子卡通图形和图案背景共同构成。"鸭子"的通常含义是指一种家禽,按照社会公众的通常理解,并不能从"叫个鸭子"的文字中解读出超出其字面本身的其他含义。一审法院认为"叫个鸭子"格调不高,并不能等同于社会公众的一般认知,故诉争商标使用在指定服务上并未产生不良影响。因此,诉争商标的注册申请未违反《商标法》第十条第一款第(八)项的规定。

综上,原审判决和被诉决定认定事实不清,适用法律错误,依法应予撤销。味美曲香公司的上诉主张具有事实与法律依据,本院对其上诉请求予以支持。依照《中华人民共和国行政诉讼法》第七十条第一项、第八十九条第一款第(二)项、第三款之规定,终审判决如下:

一、撤销北京知识产权法院(2017)京73行初2359号行政判决;

二、撤销国家工商行政管理总局商标评审委员会商评字〔2017〕第11593号《关于第15740333号"叫个鸭子及图"商标驳回复审决定书》;

三、国家工商行政管理总局商标评审委员会就北京味美曲香餐饮管理有限公司针对第15740333号"叫个鸭子及图"商标提出的复审申请重新作出决定。

敢仗剑维权　对商标侵权者说"不"

《商标法》第六十五条规定："商标注册人或者利害关系人有证据证明他人正在实施或者即将实施侵犯其注册商标专用权的行为，如不及时制止将会使其合法权益受到难以弥补的损害的，可以依法在起诉前向人民法院申请采取责令停止有关行为和财产保全的措施。"

一、商标侵权的七种现象

在相同的商品或服务类别上使用与注册商标相同或近似的文字及图形；或者在商品、商品包装、容器、服务场所以及交易文书上使用与注册商标相同或近似的文字及图形；或者在广告宣传、展览以及其他商业活动中使用与注册商标相同或近似的文字及图形；均属于商标侵权行为。

根据国家知识产权局制定的《商标侵权判断标准》，涉嫌侵权的商标与他人注册商标相比较，可以认定与注册商标相同的情形包括：

（1）文字商标有下列情形之一的：

① 文字构成、排列顺序均相同的。

② 改变注册商标的字体、字母大小写、文字横竖排列，与注册商标之间基本无差别的。

③ 改变注册商标的文字、字母、数字等之间的间距，与注册商标之间基本无差别的。

④ 改变注册商标颜色，不影响体现注册商标显著特征的。

⑤ 在注册商标上仅增加商品通用名称、图形、型号等缺乏显著特征内容，不影响体现注册商标显著特征的。

（2）图形商标在构图要素、表现形式等视觉上基本无差别的。

（3）文字图形组合商标的文字构成、图形外观及其排列组合方式相同，商标在整体视觉上基本无差别的。

（4）立体商标中的显著三维标志和显著平面要素相同，或者基本无差别的。

（5）颜色组合商标中组合的颜色和排列的方式相同，或者基本无差别的。

（6）声音商标的听觉感知和整体音乐形象相同，或者基本无差别的。

（7）其他与注册商标在视觉效果或者听觉感知上基本无差别的。

二、商标维权的执行流程

1. 全面搜集证据材料

搜集与案件有直接利害关系和间接利害关系的有利的相关证据，例如，国家行政机关的一些公文、登记书、公证等；原件、原物及复印件、复制品等。除了被侵权人自身理应合法受到保护的证据材料，还应举证侵权人对被侵权人造成损失、产生影响的相关证据材料。数个种类不同、内容一致的证据优于一个孤立的证据，所以与案子相关联的有利证据越多越好。

2. 客观分析案情选择维权途径

根据搜集的证据材料等事实依据，结合被侵权人的主观倾向，选择最符合实际情况的维权途径。可以通过付出费用不高的行政程序，或选择效率更高的司法程序；为了保证成功概率，也可同时选择多种程序，全方位保障被侵权人的利益。

以下是5种维权途径。

（1）有商标法所列侵犯商标专用权行为之一，引起纠纷的，由当事人协商解决。

（2）对于商标侵权纠纷，当事人不愿协商或者协商不成的，商标注册人或者利害关系人可以向人民法院起诉，也可以请求市场监督管理部门处理。

（3）向人民法院起诉的，依法定程序进行；如果是由市场监督管理部门处理，在处理时认定侵权行为成立的，责令立即停止侵权行为，没收、销毁侵权商品和专门用于制造侵权商品、伪造注册商标标识的工具，并可处以罚款。

（4）当事人对市场监督管理部门的处理决定不服的，可以依照行政诉讼法向人民法院起诉；侵权人期满不起诉又不履行的，市场监督管理部门可以申请人民法院强制执行。

（5）进行处理的市场监督管理部门根据当事人的请求，可以就侵犯商标专用权的赔偿数额进行调解，调解不成的，当事人可以依照民事诉讼法向人民法院提起诉讼。

3. 撰写申请文书

搜集证据，选择维权途径，准备工作做完后，最重要的就是被侵权人的陈述书。陈述书应说明侵权人具体的侵权行为和强有力的论证分析，才能使相应执法机关更客观地对案件的实际情况进行判断，了解被侵权人的申请请求。所以，文书的撰写对案件成败比有重大影响。

4. 积极配合执法部门的执法行动

不同的案件会有不同的审理周期，因此被侵权人提交了申请后，要保持充分的耐心，与相关执法部门保持良好的沟通并积极配合。

案 例

"周黑鸭"商标维权，多家"李鬼"受罚[1]

"周黑鸭"是卤味鸭食品的知名品牌。名声响了，侵权事件也来了。什么周记黑鸭、汉味周黑鸭，类似"搭便车""傍名牌"的行为不断发生。

这些企业的侵权行为主要表现在，使用与周黑鸭商标近似的图案和文字，以及虚假加盟。例如"周记黑鸭"完整包含了"周黑鸭"文字，周黑鸭的图形商标，卷发被改成直发，领带改为领结，造成大众误认。也有企业使用图形完全相似，只是公司名称和地址不同的假冒周黑鸭产

---

[1] 案例资料来源于湖北周黑鸭企业发展有限公司。

品包装袋，如图2-5、图2-6所示。情节更严重的，是在网上进行加盟招商，有的甚至招揽到上千家加盟店。

为了维护企业自身注册商标的商标权，湖北周黑鸭企业发展有限公司（以下简称湖北周黑鸭公司）启动诉讼程序，将涉嫌侵犯其商标权的公司分别告上法庭。

2010年6月，汉味周黑鸭公司因涉嫌侵犯湖北周黑鸭公司的商标权被告上法庭。经审理，武汉市中级人民法院于2010年12月作出一审判决，判定汉味周黑鸭公司构成侵权，判令其立即停止使用带有"周黑鸭"字号的企业名称，不得使用与原告注册商标近似的图形标识等，并赔偿湖北周黑鸭公司经济损失30万元。汉味周黑鸭公司不服，提起上诉。2011年4月，湖北省高级人民法院二审维持原判。

2013年年底，湖北周黑鸭公司将合肥某餐饮管理有限公司和方某某告上法庭，请求判令两被告赔偿60万元经济损失；停止侵害原告三个注册商标的商标权；承担诉讼费用。庭审中，原被告当庭达成和解，被告同意赔偿10万元，承诺更改名称，并在两个月内将店铺门牌更换。

2016年，湖北周黑鸭公司一纸诉状分别将2家宿州"周黑鸭"的经营者告上合肥市中级人民法院，要求两被告停止侵害原告享有的周黑鸭商标专用权，分别向原告赔偿损失及维权合理支出共计10万元，并承担本案的诉讼费用。

2016年，无锡滨湖区某大型超市内的一家卤菜店因涉嫌侵犯湖北周黑鸭公司的商标权被告上法庭。最终，原被告双方当庭和解，被告承诺改掉涉嫌侵权的门头，不再使用周黑鸭标识，并赔偿湖北周黑鸭公司2.3万元。

2017年11月21日，湖北省武汉市江汉区人民法院作出判决：被告湖北周记食品、武汉卤品世家等四家企业，侵害了原告湖北周黑鸭企业发展有限公司的商标权，破坏了公平竞争秩序，应立即停止商标侵权及虚假宣传行为，赔偿原告经济损失共计70万元。

图2-5 正宗周黑鸭产品包装袋

图2-6 图形完全相似只是公司名称和地址不同的假冒周黑鸭产品包装袋

维权莫滥权　诉讼"碰瓷"有违诚信

商标维权，是法律赋予商标注册人或者利害关系人的权利，司法部门支持合法诉讼维权。但是对于以保护知识产权为名、诉讼滥权毫无底线的"碰瓷"，扰乱市场秩序、谋取自身不当利益的行为，便是违背了市场诚信的公义，应当依法予以制止。

例如有通用名称的商标持有者，以他人商标侵权的案由，多次发起维权诉讼，不仅禁止他人使用相同名称的商标，并且恶意索赔，这就超出了商标正当维权的法律范围。

《商标法》第五十九条规定："注册商标中含有的本商品的通用名称、图形、型号，或者直接表示商品的质量、主要原料、功能、用途、重量、数量及其他特点，或者含有的地名，注册商标专用权人无权禁止他人正当使用。"

案　例

因诉讼滥权"碰瓷"索赔牟利，国家知识产权局撤销"金银花"商标[1]

2022年9月6日，国家知识产权局官网发布公告称，撤销核准第603857号商标"金银花"注册商标转让、续展的决定。该决定在商标维权案例中具有典型意义。商标专家认为，原告涉嫌用无权利商标恶意索赔，这个撤标决定，意味着上百家花露水生产企业被诉商标侵权案发生根本性逆转！

---

[1] 案例资料来源于网络相关报道。

据媒体报道称，上海碧丽化妆品有限公司（以下简称碧丽公司）以其持有"金银花"商标，自2019年开始在全国发起数百起商标侵权"批量"诉讼，每起索赔10万元左右，总索赔金额超千万元。

上述案由，是这些企业在生产花露水产品时，添加了金银花提取物，并在瓶身标注"金银花花露水"，而被诉侵犯碧丽公司持有的"金银花"商标。绝大多数法院在一审中均判决碧丽公司胜诉，并判被诉企业赔偿数万元至数十万元不等。

然而多家企业对于败诉判决不能接受，因为其产品本身都有自己的注册商标，标注"金银花"仅仅是作为描述性使用"金银花"名称，以提示消费者，并不存在侵权他人商标的行为。

后来经某被诉企业的代理律师追根溯源，查出金银花商标本身存在重大权利瑕疵。

据国家知识产权局的"金银花"商标档案显示，涉案第603857号金银花商标系1992年由上海红星日用化学品厂注册（见图2-7），1994年1月27日，"金银花"商标被国家工商行政管理局商标评审委员会予以撤销，并被要求交回《注册商标证》。撤销理由包括，该商标用在化妆品中时直接表示了商品的主要原料，违反了《商标法》，"已属注册不当"，国家商评委关于"金银花"商标注册不当裁定书如图2-8所示。撤销公告时间为1995年，且根据当时法律，该裁定为一裁终局，不能复议。

令人费解的是，该被撤销商标在未显示权利恢复的情况下，却"死而复生"进行了两次转让，并最终于2010年左右由碧丽公司受让取得。该商标经过三次续展，其有效期到2032年7月29日，续展注册证明查询如图2-9所示。2019年起，碧丽公司开始批量进行"金银花"商标维权诉讼。

2022年3月，原告涉嫌用无权利商标恶意索赔的证据，引起了最高人民法院的关注与重视。3月24日最高人民法院下达裁定，决定提审某被诉公司申请的金银花案，再审期间，原判决被中止执行。最高人民法院的提审裁定被媒体公开披露后，多地法院对于金银花案的处理出现转向。

同年4月开始，江苏南京中院、四川高院等法院，对其二审、再审的"金银花"案均裁定中止诉讼。6月24日、30日，广东中山中院更是在二审中直接对两起"金银花"商标案改判,撤销原支持碧丽公司的一审判决,改判被诉企业不构成商标侵权。

至 2022 年 9 月 6 日,国家知识产权局对"金银花"商标的撤销,使得"金银花"商标系列案件迎来彻底反转。下一步,多家遭"碰瓷"恶意索赔的受害企业将拿起法律的武器,维护自己的合法权益,让碧丽公司退回之前赔偿款,赔偿被诉企业损失。

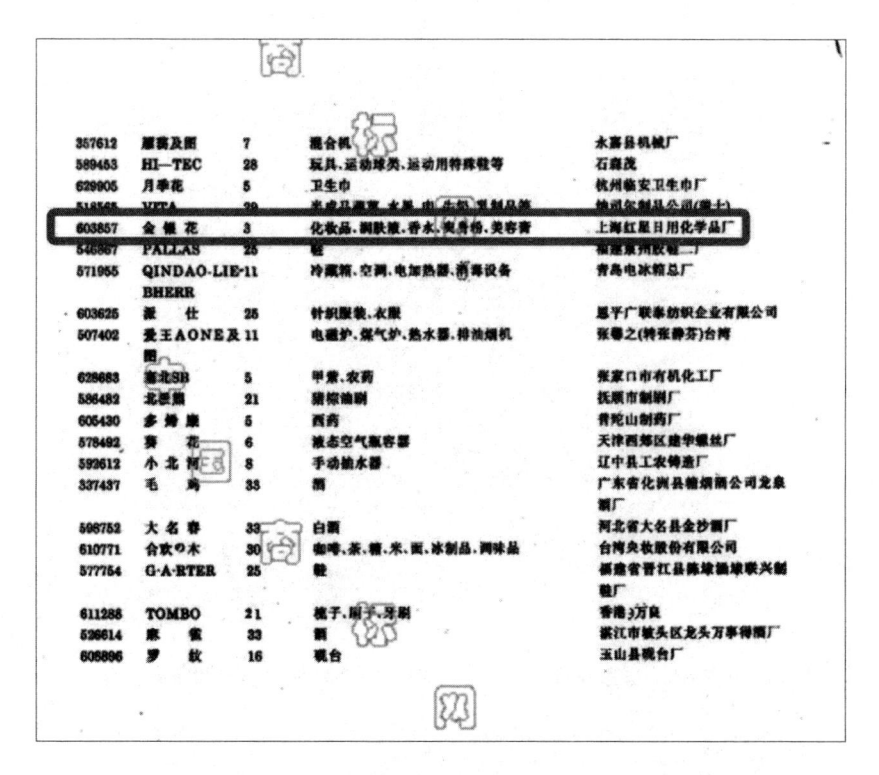

357612	瓢药及图	7	混合机	永嘉县机械厂
589453	HI-TEC	28	玩具,运动球类,运动用特殊鞋等	石鑫茂
629905	月季花	5	卫生巾	杭州临安卫生巾厂
518565	VETA	29	生乳及蛋黄、水果、肉、生乳制品等	桃源尔制县公司(普丸)
603857	金银花	3	化妆品,润肤液,香水,爽身粉,美容膏	上海红星日用化学品厂
546567	PALLAS			海速泉列胶袋
571955	QINDAO-LIE-11 BHERR		冷藏箱、空调、电加热器、酱海设备	青岛电冰箱总厂
603625	派仕	25	针织服装、衣服	恩平广联泰纺织企业有限公司
507402	爱王AONE及11图		电磁护、煤气炉、热水器、排油烟机	张曾之(特征静芬)台湾
628683	塞北SB	5	甲紫、农药	张家口市有机化工厂
586482	北恶熊	21	猪棕油刷	抚顺市制刷厂
605430	多婷康		西药	普陀山制药厂
578492	赛花	6	液态空气瓶容器	天津西郊区虚中螺丝厂
592612	小北河	8	手动抽水器	辽中县工农铸造厂
337437	毛鸡	33	酒	广东省化洲县椿烟商公司龙泉酒厂
596752	大名春	33	白酒	河北省大名县金沙酒厂
610771	合欢の木	30	咖啡,茶,糖,米,面,冰制品,调味品	台湾央牧股份有限公司
577754	G·A·RTER	25	鞋	福建省晋江县陈埭埔埭兴制鞋厂
611288	TOMBO	21	梳子、雨卡、牙刷	香港万良
526614	康雀	33	酒	湛江市坡头区龙头万事得酒厂
605896	罗纹	16	砚台	玉山县砚台厂

图 2-7 "金银花"商标注册信息公示

图 2-8　国家商评委关于"金银花"商标注册不当裁定书

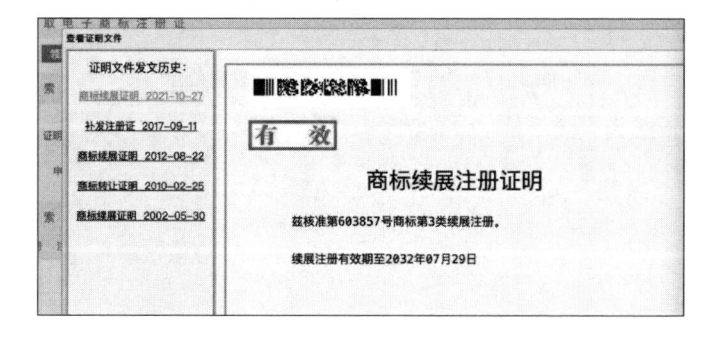

图 2-9　"金银花"商标续展注册证明查询

我的地盘我做主
被外地人在先注册的地名商标诉争依据

关于行政区划地名注册商标,《商标法》第十条第二款明确规定:"县级以上行政区划的地名或者公众知晓的外国地名,不得作为商标。"

那么,县级以下行政区划地名能否作为商标注册?

根据"法无禁止即可为"的原则,县级以下行政区划的称谓和其他地理区域的名称,包括乡镇、街道、胡同、山川河流等地名,经国家商标局核准均可以作为商标注册。

但在商标法理运用实践中,如果申请人的住所不在所申请注册地名的地域内,而将地名作为商标使用或注册,由于其提供的产品并不产于该地域,易使公众对带有这些地名的商品或提供的服务来源产生误认,且一旦产品出现质量问题,就会损害该地区的声誉,尤其是该地区生产同类产品企业的商誉。所以,该商标注册可以适用《商标法》第十条第一款第(七)项予以规制。

《商标法》第十条第一款第(七)项规定,"带有欺骗性,容易使公众对商品的质量等特点或者产地产生误认的"不得作为商标使用。《商标审查及审理标准》明确"本条中的带有欺骗性,是指商标对其指定使用商品或者服务的质量等特点或者产地作了超过其固有程度或与事实不符的表示,容易使公众对商品或者服务的质量等特点或者产地产生错误的认识"。

也就是说,如果县级以下行政区划地名被外地人在先注册了商标,导致"公众对商品的质量等特点或者产地产生误认",是可以通过《商标法》第十条第一款第(七)项之条款予以追责的。

案例

"贺胜"与"贺胜桥"鸡汤商标回归故里的案例启示[1]

贺胜桥镇贺胜村位于咸宁市咸安区。"贺胜鸡汤"与"贺胜桥鸡汤"是当地久负盛名的地方特色美食。

贺胜鸡汤的餐饮店经营始于20世纪80年代,90年代闻名整个华中地区。当年,镇上最多时候有上百家鸡汤馆。

由于"贺胜鸡汤"与"贺胜桥鸡汤"在市场上具有较高知名度,2000年"贺胜桥""贺胜"两件商标被地处武汉的申请人在先注册,注册商标商品分类第29类:鸡汤、肉汤浓缩汁、汤。

至2021年,"贺胜""贺胜桥"鸡汤商标离"家"20余年。湖北省咸宁市咸安区市场监督管理局一直关注此事,于2018年聘请湖北海峰知识产权代理有限公司,专门成立"贺胜""贺胜桥"商标回归项目专班。湖北海峰知识产权代理有限公司运用《商标法》第十条第一款第(七)项条款,与"贺胜""贺胜桥"持有人进行法理与情理耐心沟通,经过反复协商,对方终于同意转让"贺胜""贺胜桥"商标。商标转让给隶属于贺胜桥镇政府的咸安区贺胜桥镇综合文化服务中心。

至2021年12月,游离在外20余年的"贺胜""贺胜桥"鸡汤商标终于回到自己的家乡。

---

[1] 案例资料来源于湖北海峰知识产权代理有限公司维权服务案例。

法律无偏倚　商标权益诉争与公司大小无关

商标是知识产权法律名词。法律面前人人平等。我国《商标法》规定商标注册在先原则，谁先注册谁先占有。在商标法律实践中，有些小公司遇到自己的商标遭遇大公司商标近似侵权时，往往心中有顾虑，不敢通过法律途径进行诉争，觉得打官司花钱耗时，财力上和精力上斗不过大公司，甚至担心法官会偏袒大公司尤其是市场知名度很高的大公司。

《商标法》第三十条规定："申请注册的商标，凡不符合本法有关规定或者同他人在同一种商品或者类似商品上已经注册的或者初步审定的商标相同或者近似的，由商标局驳回申请，不予公告。"

法律是重证据的。只要你的商标在先注册，且商标注册成功后一直在商品标识或服务标识中使用，法律自有公判。

案　例

小米"米家mijia"商标的法律诉争，大公司输给了小公司[1]

2019年12月，杭州市中级人民法院公布一份判决书。判决书显示，小米通讯技术有限公司、小米科技因涉嫌"米家"商标侵权，被杭州联安安防工程有限公司（以下简称杭州联安）起诉。

小米公司是一家互联网巨头企业，也是一家上市公司。2019年6月，它入选2019福布斯中国最具创新力企业榜。在2019福布斯全球数字经济100强榜单中，小米公司位列第56位。而杭州联安仅仅是国内一家专营安

---

[1] 案例资料来源于网络相关报道。

防工程、建筑智能化系统等业务的企业。

从企业规模实力和企业知名度上看，这是两家分量极不对等的公司。

但在商标侵权诉争中，"大象"和"蚂蚁"都是平等的。

本案案由是：小米通讯、小米科技2016年推出的"MIJIA米家"商标，侵犯了杭州联安2012年注册在先的"MIKA米家"商标专用权。

杭州中院认为，本案被控侵权商品与涉案注册商标核定使用的商品构成相同或类似，被控侵权"米家"标识与"MIKA米家"注册商标标识构成近似，可能让消费者误认为杭州联安的商品来源于小米，即产生反向混淆。因此判决小米通讯的侵权成立。

一审判决：小米通讯、小米科技立即停止侵害原告杭州联安所享有第10054096号注册商标专用权的行为；在小米商城（mi.com）首页显著位置和"小米公司"新浪微博账户中刊登声明，为杭州联安消除因本案侵权行为所造成的影响；赔偿杭州联安人民币共计1210.38万元。

对于该判决小米方面不服，辩称：杭州联安商标"MIKA米家"与小米"MIJIA""米家"及相关组合商标存在拼音和字母元素差异以及LOGO图形设计差异。于是向浙江省高院提起上诉。

2020年10月，浙江省高级人民法院作出二审判决，没有采信小米的诉求，要求小米通讯、小米科技立即停止侵害杭州联安享有的注册商标专用权的行为，并赔偿杭州联安经济损失310.38万元。此案最终还是以大公司输给了小公司结案。

后来，小米公司官微"米家MIJIA"微博账号，更名为"小米智能生活"。如今又更改为"小米智能生态"。

以时间为界　商标维权诉争赔偿额度的区别

商标被他人侵权了，商标在先注册的权利人势必受到经济损失。在商标维权诉争中，侵权经济赔偿是当事人最为关心的问题。

那么，在同一例商标维权诉争中，商标注册前与商标注册后所发生的侵权行为，经济赔偿的额度肯定是有差异的。在商标维权诉争中，是可以按照商标注册前后的时间差，来主张不同的侵权赔偿数额的。

《最高人民法院关于审理商标民事纠纷案件适用法律若干问题的解释》第十六条第二款规定，人民法院在确定赔偿数额时，应当考虑侵权行为的性质、期间、后果，侵权人的主观过错程度，商标的声誉及制止侵权行为的合理开支等因素综合确定。也就是说，商标维权诉争赔偿额度是有法可依的。

案 例

咸宁麻塘风湿病医院商标维权赔偿由 28 万元变 72 万元的诉争理由[1]

咸宁麻塘风湿病医院的"麻塘"和"镇氏"商标，均于 2000 年注册，一直在市场持续使用，并且分别在 2009 年、2015 年被认定为湖北省著名商标，在 2012 年、2018 年被认定为中国驰名商标。

"麻塘"和"镇氏"商标长期受到某同行医疗机构在广告宣传中的侵权，麻塘风湿病医院依法诉讼维权。

在 2014 年 7 月 31 日的法院执行裁定书（见图 2-10）中，判决商标侵

---

[1] 案例资料来源于湖北海峰知识产权代理有限公司维权服务案例。

权机构赔偿金额 28 万元人民币。判决生效后，侵权单位拒不执行，且继续在广告宣传中实施商标侵权行为。属于恶意、重复侵权，且侵权时间也被延长。咸宁麻塘风湿病医院便以原法院判决酌定的赔偿数额过低为由，再次依法向咸宁市中级人民法院提起诉讼。诉讼理由得到了法院的支持，并于 2019 年 6 月 11 日，改判裁定侵权单位赔偿金额提高至 724478.5 元人民币，法院执行裁定书如图 2-11 所示。

图 2-10　咸宁市中级人民法院执行裁定书（2014 年）

图 2-11　咸宁市中级人民法院执行裁定书（2019 年）

无形资产守护者　商标服务机构与企业的关系

商标权属的诉争攻防，需要熟悉并精通商标专业知识。

在商标具体工作中，一些企业在自己的商标注册成功以后，便不再与曾经合作过的商标服务机构有联系了。这是一种缺乏商标品牌战略长远思路的短视行为。

商标注册成功，其实只是商标工作的开始。后面还有商标的正确使用、商标的延伸注册、商标的侵权行为防范监控、商标遭侵权后的维权、商标涉嫌近似被异议或无效的答辩、商标注册期限截止时间续展的事先提醒等。这些都需要商标服务机构继续提供专业服务。这就是专业的事要专业人来做。

一般大型企业都有专门的法律事务部门，那些关于商标的事都会交给法务部处理。但是更多的中小型企业，并没有专门的法务部，所以很难有人员或有精力常态化地关注商标的情况。这就往往因商标的各种问题造成企业的被动，甚至经济损失。

从良性发展的眼光看，企业与商标服务机构不只是单纯的商标业务委托关系，而应该是一种防范知识产权风险的战略联盟伙伴关系。商标服务机构，是企业发展过程中的无形资产守护者。

明确了这一点，企业就会主动与商标服务机构保持经常性的沟通，把专业的事交给专业的班子做。

同理，商标服务机构也会为企业建立专门的商标品牌健康档案，并经常性地向企业提供与企业商标使用相关的动态监测信息，供企业经营决策参考。

这样，企业就可能在发展壮大的岁月里，走得更稳健、更安心一些。

第三章 品牌升值

品牌是商标的资产升值,也是商标的利益最大化——

赋能品牌内涵升值　驰名商标的法定优势

商标不是品牌。商标是经营者自我的个性符号，而品牌则是消费者群体的情感认知。如果说商标和品牌都属于无形资产，那么品牌便是商标的资产升值，也是商标的利益最大化。

在市场上，同一个名称的商标可能被多家企业分别注册和使用，但只有消费者认知度最高的品牌，才具有富足的无形资产价值。《商标法》称之为驰名商标。

从知识产权法律角度，只有驰名商标的法律概念，并没有品牌的法律概念。驰名商标受《商标法》保护，而品牌却没有相关法律出台。所以，在市场行为中，商标要赋能品牌内涵升值，就需要获得驰名商标的认定。

驰名商标，是国家商标主管机关或者人民法院根据需要认定的一种商标类型，在中国国内为相关公众广为知晓并享有较高声誉。对驰名商标的保护不仅仅局限于相同或者类似商品或服务，就不相同或者不相类似的商品申请注册或者使用时，都将不予注册并禁止使用。而且"驰名商标"持有企业的公司名以及网址域名，都会受到不同于普通商标的格外法律保护。

因此驰名商标被赋予了比较广泛的排他性权利。

（一）驰名商标的含义

根据《驰名商标认定和保护规定》的界定，驰名商标的含义是指在中国为相关公众广为知晓并享有较高声誉的商标。

相关公众包括与使用商标所标示的某类商品或者服务有关的消费者，生产前述商品或者提供服务的其他经营者以及经销渠道中所涉及的销售者和相关人员等。

(二) 驰名商标的价值

商标是知识产权的重要内容，驰名商标更是企业的无形财富，具有很大的价值。"可口可乐"是世界著名驰名商标，拥有近 800 亿美元的身价。正因为如此，美国可口可乐公司总裁非常自信地说，即使可口可乐公司分布在世界各地的工厂在一夜之间都化为灰烬，他们也能够马上重新站起来。近乎天文数字的身价，已使人们深深感到驰名商标犹如一座取之不尽、用之不竭的金矿。而这还仅是驰名商标价值的冰山一角。

一个驰名商标可以向购买者传递大量的有关它所代表的商品或服务的信息：优良稳定的质量、对购买者消费习惯的适应程度及心理享受的满足程度等。这些经过市场长期考验的信息既简化了购买者的购买行为，也简化了销售者的销售行为。换句话说，购买者在购买时无须逐一地去了解上述各种信息，而只需认准该驰名商标即可，这就是建立在信任基础上的所谓"认牌购货"；销售者也无须不厌其详地去宣传上述信息，而只需通过企业成长发展历史介绍等公开资料表述自己的驰名商标即可。从这个意义上讲，驰名商标已经成为连接购买者与销售者的稳定的纽带，也是企业打开市场之门的金钥匙。

(三) 驰名商标的优势

目前在我国，唯一拥有法律依据的"特惠待遇"，只有驰名商标。其他一些注册的著名商标、名牌只是地方性和行业称谓，并不会受到与驰名商标同等或近似的法律"礼遇"。

（1）驰名商标的认定具有法律效力，可以在国内获得商标和品牌上的最高程度保护。普通商标只能在注册时指定的商品或服务上受到法律的保护，享有商标专用权；而驰名商标在不同或全部商品或服务类别中都能获得扩大保护，同时可以有效对抗他人的恶意抢注。

（2）驰名商标在立案调查假冒商标犯罪案件时，不受立案金额的限制。

（3）驰名商标可以防止其他公司以该商标作为域名注册。

（4）驰名商标可以防止其他公司以该商标作为公司名称注册。

（5）驰名商标代表了企业的美誉度，可以为产品或服务带来相对一般品牌的溢价。

（6）驰名商标提高了品牌影响力，更具有市场竞争力，有利于扩大市场占有率。

（7）驰名商标提升了品牌价值，可以为社会做更大的经济贡献；驰名商标作为知名度很高的城市品牌，具有吸引外资、引进人才、发展旅游、带动城市产业集群的形成等影响力。

（8）驰名商标代表了一种地方的经济形象和行业标杆，能够获得政府及金融部门的更多支持和更大的重视力度；不仅在知识产权上获得保护，更在投资、信贷等其他领域得到更多的政策优惠和支持。驰名商标在银行质押贷款时，信用价值估值更高，可获得更高的贷款额度。

（9）驰名商标可显著提高企业无形资产价值，并可在企业年度审计、企业资产评估或无形资产评估中得到量化，显著增加企业资产总额。同时，驰名商标的无形资产价值可以进行资本运作和授权加盟合作，品牌价值核裂变的效应促进企业快速做大做强。

（10）驰名商标的法律严肃性和国际通用性，可以使其增强国际竞争力，遇到在国外被抢注，与国际其他品牌产生侵权关系影响到品牌的生死进而决定企业的存亡时，经过认定的中国驰名商标无疑是决胜的筹码。

案 例

（一）驰名商标成为"周黑鸭"商标市场维权的坚强护盾[1]

地处武汉的湖北周黑鸭食品有限公司，成立于2006年。

2007年，公司第一家工厂全面运营，产品定位为休闲熟卤制品。

2008年，公司实行品牌连锁直营的经营模式，开始研发介于散装与真空包装之间的产品。由于产品口味深受武汉广大市民和外地来汉游客的喜爱，"周黑鸭"逐渐成为食品加工类知名品牌。

名声响了，侵权事件也来了。什么周记黑鸭、汉味周黑鸭，类似"搭

---

[1] 案例资料来源于湖北海峰知识产权代理有限公司维权服务案例。

便车""傍名牌"的行为不断发生，最严重时，全国冒牌店多达941家，而真店只有668家，假店约是真店的1.4倍。

这些企业的侵权行为主要表现在，使用与周黑鸭商标近似的图案和文字，以及虚假加盟。比如"周记黑鸭"完整包含了"周黑鸭"文字，周黑鸭的图形商标，卷发被改成直发，领带改为领结，造成大众误认。情节更严重的，是在网上进行加盟招商，有的甚至招揽到上千家加盟店。

为了"周黑鸭"商标维权，公司每年花在打假上的资金高达百万元，但依然是"水里按葫芦"，这边按下那边又起，无法达到除假务尽的成效。

真假"周黑鸭"斗法的知识产权纠纷，一直到了2011年5月，"周黑鸭"商标被国家商标局认定为中国驰名商标后，才有了明显改观。

2011年8月，武汉市工商局即专门下文，组织了"保护'周黑鸭'驰名商标专用权打击侵权违法行为"的专项行动。在这次行动中，武昌火车站是重点整治区域。2012年7月，武汉市工商局再次专门发文，"严厉打击侵犯周黑鸭等驰名商标专用权行为"。尽管如此，由于利益的驱动，少数"李鬼"依然我行我素，如"三品周黑鸭""武汉周黑鸭""许黑鸭"等假冒的"周黑鸭"门店依然存在。

2017年10月、11月，就"周黑鸭"被侵权现象，《湖北日报》先后两次向湖北省、武汉市领导呈送内参，呼吁"出台长效机制防止（假冒店）死灰复燃"。

"周黑鸭"打假难题，经过媒体介入，引起了武汉市领导的关注。时任武汉市市长唐良智作出批示，要求高度重视、予以整顿，并责成两位分管副市长负责此事。他在批示中说，"周黑鸭"是"我市发展的中国驰名商标和知名企业"，应当全力支持和保护，他要求相关领导和部门进行研究，提出解决办法，高度重视并整顿市场。

事实证明，驰名商标的知识产权法律护盾，为"周黑鸭"商标的市场净化，起到了强有力的推动作用。

（二）驰名商标为"纽宾凯"商标扫清侵权障碍[1]

纽宾凯酒店集团（武汉）有限公司是以投资、经营、管理中高端商务

---

[1] 案例资料来源于湖北海峰知识产权代理有限公司维权服务案例。

精品酒店为核心业务的专业连锁酒店公司，如图3-1所示。而在湖北省的襄阳市、十堰市、潜江市等有多家酒店的名称同样标注"纽宾凯"或含有"纽宾凯"文字，更有甚者还将纽宾凯酒店集团的标识也打上，字体也与纽宾凯酒店集团的字体完全相同，如图3-2所示。

享有"纽宾凯"商标专用权的纽宾凯公司多年维权未果，直至纽宾凯公司的"纽宾凯"商标被认定为中国驰名商标，根据驰名商标的排他性，襄阳市、潜江市工商行政管理机关依法对所属地的"纽宾凯"酒店予以撤牌处理。

图3-1　纽宾凯酒店集团（武汉）有限公司酒店

图3-2　潜江市某酒店侵权"纽宾凯"商标店头招牌

行政与司法并行　驰名商标认定的方式和途径

（一）驰名商标的认定原则

（1）被动原则：必须由企业主动提出申请。

（2）个案原则：企业就一个商标案件提出申请，认定机关根据企业商标是否符合《驰名商标认定和保护规定》的要求，成熟一件，认定一件。每次认定只对该案件有效。

（3）客观驰名原则：在一定范围内客观驰名。

（二）认定驰名商标的渠道和机构

依照《中华人民共和国商标法实施条例》第三条的规定和《最高人民法院关于审理商标民事纠纷案件适用法律若干问题的解释》第二十二条的要求，我国认定驰名商标有行政认定和司法认定两种渠道三个机构。其中，行政认定的机构为国家知识产权局；司法认定机构为知识产权法院和中级人民法院；经最高人民法院批准，也可以由基层人民法院进行认定。

（三）认定驰名商标的方式和途径

1. 认定驰名商标的方式

驰名商标的认定从总体上采用被动认定方式，又称事后认定。即商标所有人认为自己的商标权受到以下损害时，可以申请认定驰名商标：

（1）他人就相同或者类似商品申请注册的商标是复制、摹仿或者翻译自己未在中国注册的驰名商标，容易导致混淆的，误导公众，致使自身利益可能受到损害的。

（2）他人将与自己的驰名商标相同或者近似的文字作为企业名称或名

称的一部分登记使用，可能引起公众误认的。

（3）自己的驰名商标被他人恶意注册为网络域名，可能对自身利益构成损害的。

认定机关只有在收到了商标所有人关于上述问题的申诉以及要求认定驰名商标的请求后，才能对其商标是否驰名、能否给予扩大范围的保护进行认定。这也就是国际通行的"被动认定，个案处理"的驰名商标认定和保护原则。

2. 认定驰名商标的途径

根据商标所有人申诉和主张的不同情况，以及认定机关的不同职能范围，驰名商标的认定又可具体分为四种途径。

（1）在商标异议途径中认定。即商标所有人认为他人经初步审定公告的商标，违反《商标法》第十三条规定的，可以依据《商标法》第三十条及其实施条例的相关规定，自商标公告之日起3个月内，向商标局提出异议，并提交证明其商标驰名的有关材料。

（2）在商标无效宣告途径中认定。即商标所有人认为他人已经注册的商标违反《商标法》第十三条规定的，可以依据《商标法》第四十五条及其实施条例的相关规定，在该商标核准注册之日起5年内，向商标评审委员会请求认定驰名商标并要求裁定撤销他人已经注册的该注册商标，并提交证明其商标驰名的有关材料。对恶意注册的商标，不受5年的限制。

（3）要求保护其驰名商标的，可以向案件发生地的市（地、州）以上的市场监督管理部门提出禁止使用的书面请求，并提交证明其商标驰名的有关材料。市场监督管理部门经审查后在规定的期限内逐级上报至知识产权局，知识产权局自收到案件有关材料之日起，在法定时间内作出是否驰名的认定。

（4）在商标民事纠纷诉讼途径中认定。即商标所有人认为他人使用的商标违反《商标法》第十三条规定，可以直接向设有知识产权庭的中级人民法院起诉，并依据《最高人民法院关于审理商标民事纠纷案件适用法律若干问题的解释》《关于审理涉及计算机网络域名民事纠纷案件适用法律若干问题的解释》的有关规定，在起诉的同时申请认定驰名商标。

（四）认定驰名商标需要考虑的因素

依据《商标法》第十四条规定，认定驰名商标应当考虑下列因素：
(1) 相关公众对该商标的知晓程度。
(2) 该商标使用的持续时间。
(3) 该商标的任何宣传工作的持续时间、程度和地理范围。
(4) 该商标作为驰名商标受保护的记录。
(5) 该商标驰名的其他因素。

（五）申请认定驰名商标需要提交的证据材料

商标所有人申请认定驰名商标，必须向认定机构提交以下证据材料：

1. 企业的基本情况

(1) 营业执照、质量证书、合格证书、专利证书等相关证件复印件。
(2) 企业商标管理机构及商标管理制度。
(3) 图片资料：主要产品及系列产品照片、厂区照片、生产车间照片、企业参加相关社会活动照片等。

2. 商标注册、使用情况

(1) 该商标在中国及外国（地区）的注册情况及证明性材料（商标注册证复印件）。
(2) 使用该商标产品的照片或者该商标标识（商标标识的原件或者照片）。
(3) 该商标最早使用及连续使用的时间（应当提供使用该商标的商品或者服务的最早销售发票、合同，或者该商标的最早广告或者商标注册证复印件）。

3. 证明相关公众对该商标知晓程度的有关材料

(1) 使用该商标的主要商品或者服务在国内外的销售或者经营情况及区域（应当提供相关的主要销售发票或者销售合同的复印件）。
(2) 使用该商标的主要商品或者服务近 3 年来的主要经济指标，未注册商标要提供 5 年的主要经济指标（应当提供加盖申请人财务专用章以及当地财政与税务部门专用章的各年度财务报表或者其他报表的复印件，行业证明材料应当由国家级行业协会或者国家级行业行政主管部门出具）。

（3）证明该商标宣传工作的持续时间、程度和地理范围的有关材料，主要包括近3年广告宣传和促销活动的方式、地域范围、宣传媒体的种类以及广告投放量等有关材料（可用部分广告合同及广告图片、广告明细表复印件等作为证明材料）。

（4）证明该商标作为驰名商标受保护记录的有关材料，主要包括近3年该商标曾经在中国或者外国和地区作为驰名商标受保护的有关材料。

（5）该商标在国内外被侵权损害的情况及所采取的措施（附侵权照片及相关部门的裁决书或者对侵权者的处罚单据）。

（6）企业历年来的获奖证书、各类媒体的相关报道、消费者来信复印件以及行业协会推荐函原件等。

（7）证明该商标驰名的其他证明材料。

（六）行政认定驰名商标需要提交的材料

（1）通过商标管理案件途径认定驰名商标的，市（州）市场监督管理局向省知识产权局提交以下材料，并由省知识产权局转报国家知识产权局：

① 当事人申请认定驰名商标的报告（内容主要包括申请认定驰名商标的案由事实和经过，权益受到损害的情况，商标驰名的理由及事项等）。

② 市（州）及以上市场监管局受理案件通知书。

③ 市（州）及以上市场监管局立案审批表。

④ 案件询问调查笔录。

⑤ 涉案商标标识图片。

⑥ 市（州）及以上市场监管局关于认定其为驰名商标的请示。

⑦ 当事人提供的证明其商标驰名的有关证明材料。

（2）通过商标异议途径认定驰名商标的，当事人应当直接或者委托有关代理机构向商标局异议裁定处提交以下材料：

① 商标异议申请书。

② 提出商标异议的理由及证明材料。

③ 当事人申请认定驰名商标的报告。

④ 证明商标驰名的有关证明材料。

（3）通过商标争议途径认定驰名商标的，当事人应当直接或者委托有关代理机构向商标评审委员会提交以下材料：

① 商标争议申请书。

② 提出商标争议的理由及证明材料。

③ 当事人申请认定驰名商标的报告。

④ 证明商标驰名的有关证明材料。

（七）认定驰名商标提交申请及有关材料应当注意的问题

（1）申请人的主体资格。申请人名义与商标注册人/使用人的名义或者申报材料中的企业名义应当一致。代为国外或者我国港澳台地区的商标注册人申请认定驰名商标的申请人，应当附送授权申请书；申请人应当附送营业执照复印件。

（2）申请认定的商标应只限于一个商标，而且仅限于核定使用的商品或者服务范围。

（3）案件材料。案件应当符合《商标法》第十三条的规定；立案审批表应当加盖立案机关公章或者有主管局长的签字；立案机关应当向当事人出具案件受理通知书；案件调查材料如询问笔录、实物照片、涉嫌侵权人的营业执照等材料应当齐全。

（4）证明商标知晓程度证据材料。材料的出证机关应当为有关职能部门，或者具有公信力、权威性的行业机构。

（5）商标宣传情况材料。年度广告费用数据及宣传地域分布情况应当齐全；广告宣传的媒体名称、宣传方式应当明确，并应当附送相应的广告合同或者协议书。

（6）主要经济指标材料。近3年的产量、销售量、销售收入、利税和销售区域材料等应当齐全；上述指标数据应当前后一致，合乎逻辑。

（7）行业排序情况证明材料。排序情况的表述应当明确；证明材料的出具机构应当具有一定的权威性和公信力（如全国性的行业协会）；证明材料应为原件或者经过公证的复印件。

（八）加强商标的管理及商标使用证据的收集

能否获得驰名商标认定，最重要的是企业必须提供充分和必要的能够证明自己商标驰名的证据。而这些证据的收集靠的就是企业内部规范化的管理和长期的基础性工作。就商标管理而言，企业应当做到：明确商标管理机构和管理人员、建立商标管理制度、落实管理人员职责、实施考核及奖惩办法等。在商标使用及证明商标驰名等信息资料的收集方面，企业更要做到细心、缜密、面面俱到。

（九）如何研判认定驰名商标的对应案例

我国现行法律规定，驰名商标认定遵循"个案认定原则"，也即认定申请必须在商标异议、异议复审或无效宣告或商标侵权案件中提出。

案件的正确研判是驰名商标认定的核心，如果研判的案件不符合法律规定，认定申请就会被退回。

（1）申请认定未注册驰名商标的案例，应当选择与自己所使用的商标相同或者近似类别的案例。

（2）申请认定已经注册驰名商标的案例，应当选择与自己注册商标非同类的案例。

（3）驰名商标认定的案例应该满足如下要件：

① 跨类——他人在不相同或非类似商品（服务）上使用该注册商标。

② 具有关联性——虽然不相同（类似），但是与该注册商标核定使用的服务有一定关联性。

③ 构成复制、摹仿或者翻译——对方所使用的商标构成对注册商标的复制、摹仿或者翻译。

（十）如何选择驰名商标认定程序

我国驰名商标认定程序各有利弊，驰名商标认定途径及类别对比参考如表 3-1 所示。一定要根据企业实际情况，慎重分析确定认定程序。如：

（1）商标注册刚满三年的只能通过商标行政管理程序认定。

（2）当地市场监督管理局不予申报或申报的数量过多的，企业可考虑通过无效宣告、异议程序认定。

表 3-1　驰名商标认定途径及类别对比参考

认定程序	商标异议	商标无效宣告异议复审	商标行政管理	司法认定
认定机关	国家知识产权局	国家知识产权局	国家知识产权局	中级以上人民法院
认定性质	行政认定	行政认定	行政认定	司法认定
所需时间	1年左右（正常时间）	1年左右（正常时间）	3~6个月	6~12个月
优点	权威性强	权威性强	权威性强；时间相对较短；证据容易提供；认定数量最多	时间较短
缺点	正常审理时间过长；认定数量最少	正常审理时间长；可通过加快速度缩短时间	涉及部门多，包括：案件发生地的市场监督局、省知识产权局、国家知识产权局；各省有限量	对抗性太强；证据要求极高；达不到强保护的作用；风险太大
所需证据	被异议商标申请日前三年商标驰名的证据	争议、异议商标申请日前三年商标驰名的证据	侵权案件发生日前三年商标驰名的证据	侵权案件发生日前三年商标驰名的证据

案　例

（一）"潜江龙虾及图"商标通过行政认定程序认定为中国驰名商标[1]

2018年1月，潜江龙虾产业发展促进会持有的"潜江龙虾及图"商标，以行政认定程序申报驰名商标。2018年8月被国家知识产权局商标局批准认定为驰名商标，有关批复文件如图3-3所示，认定时间仅7个月，认定时间短。

---

[1] 案例资料来源于湖北海峰知识产权代理有限公司业务服务案例。

图3-3　国家知识产权局商标局关于认定"潜江龙虾及图"
商标为驰名商标的批复文件

（二）"众望及图"商标通过商标争议途径认定为中国驰名商标❶

2012年5月，湖北众望科工贸有限公司持有的"众望及图"商标，以商标争议途径申报驰名商标。2014年3月，被国家工商行政管理总局商标评审委员会裁定为驰名商标，有关裁定书文件如图3-4所示，认定时间近两年，认定时间较长。

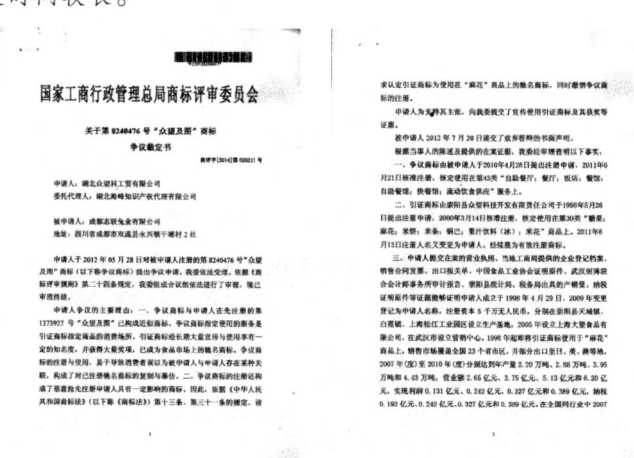

图3-4　国家工商行政管理总局商标评审委员会
关于"众望及图"商标争议裁定书文件

---

❶ 案例资料来源于湖北海峰知识产权代理有限公司业务服务案例。

年排名第三，后三年连续排名第二。

四、申请人提交在案发布广告的合同、发票、刊登广告的媒体、照片，武汉恒博联合会计师事务所出具的2007-200年广告投入专项审计报告等证据能够证明申请人通过中央电视台、湖北电视台经济频道、上海东方卫视和湖南电视台，《广东工商报》、《长沙晚报》、《武汉晚报》、《中国食品报》、《湖北日报》、《中国质量报》、《中国食品质量报》、《楚天都市报》、《当代经济》、《咸宁日报》等报刊杂志，京珠、京哈、京津、沪宁等高速路牌以及各地公交车站、公交车身、高速路广告牌、街市灯箱、以及公益活动等媒体或形式进行了大量的广告宣传，争议商标提出注册申请之日前三个年度(2007-2010)，广告宣传分别投入0.0923亿元、0.166亿元、0.251亿元和0.282亿元，影响范围及于全国。

四、申请人提交在案的获奖证书、著名商标证书等证据能够证明申请人被中国企业联合会、中国企业家协会评为2003-2004年度中国优秀企业，2007年被湖北省人民政府评为2006年快速发展十佳企业，2004年湖北省人民政府授予申请人法定代表人方德福"优秀中国特色社会主义事业建设者"称号。引证商标指定使用的"麻花"商品被湖北省消费者委员会评定为消费者满意商品。引证商标2002年2005年2009年连续三届被湖北省工商局认定为使用在"麻花"商品上的著名商标。

以上事实有申请人提交的部分证据及商标档案在案佐证。

经合议组评议，我委认为，根据申请人的陈述和提出的评审请求及查明的事实，本案的焦点问题应归结为：一、引证商标是否已成为《商标法》第十四条所述的驰名商标，争议商标的注册是否构成了《商标法》第十三条第二款所指不予注册并禁止使用的情形。二、争议商标的注册是否构成了《商标法》第三十一条所指抢先注册的情形。

一、《商标法》第十三条第二款规定，就不相同或者不类似商品申请注册的商标是复制、摹仿或者翻译他人已经在中国注册的驰名商标，误导公众，致使该驰名商标注册人的利益可能受到损害的，不予注册并禁止使用。根据上列查明的事实，申请人提交在案的证据能够证明引证商标在争议商标提出注册申请前，在其指定使用的"麻花"商品市场上具有较高的知名度，可以认定引证商标为指定使用在"麻花"商品上的驰名商标。争议商标"众望及图"文字部分与引证商标完全相同，指定使用的"自助餐厅；餐厅；饭店；餐馆；自助餐馆；快餐馆；流动饮食供应"服务系引证商标赖以驰名商品的消费场所之一，争议商标的注册与使用易于导致相关公众误以为与引证商标存在某种关联，进而对指定的服务的来源发生误认，已构成《商标法》第十三条第二款所指复制已经注册的驰名商标的情形。

二、申请人还依据《商标法》第三十一条申请商标注册不得以不正当手段抢先注册他人已经使用并有一定影响的商标的规定主张撤销争议商标的注册。但在案证据不能证明申请人于争议商标提出注册申请前已向市场提供了争议商标指定的类似服务，故不能认定争议商标的注册构成了《商标法》第三十一条所指的抢先注册情形。

综上所述，申请人所提争议理由部分成立。

依据《商标法》第十三条第二款和第四十三条的规定，我委裁定如下：

争议商标的注册予以撤销。

当事人如不服本裁定，可以自收到本裁定书之日起三十日内向北京市第一中级人民法院起诉，并依《商标评审规则》第三十五条第一款的规定，在向人民法院递交起诉状的同时或者至迟十五日内将该起诉状副本抄送或者另行书面告知我委。

合议组成员：刘佑启
何敬
刘国栋

抄送：国家工商行政管理总局商标局

图3-4　国家工商行政管理总局商标评审委员会关于"众望及图"商标争议裁定书文件（续）

使用才是硬道理　未注册商标也可以申请驰名商标认定

我国商标法规采用的是"注册原则",即市场主体所使用的市场经营的商标必须注册。那么,尚未注册但市场知名度很高的商标,能够申请驰名商标认定吗?

从我国现行商标法规的实施角度,在市场上使用了多年,客观上已经形成了很高知名度的未注册的商标,也是可以申报驰名商标的。

早在 2005 年 1 月,经济日报社主办了一次"未注册驰名商标法律保护高层研讨会"。与会的知识产权专家们统一了基本的认识,即无论注册与否,只要是驰名商标,就受到法律保护。研讨会上还特别举证了 2004 年 7 月和 11 月,原国家工商行政管理总局商标局分别将未注册商标"意尔康"和"小肥羊"认定为驰名商标的案例。

《商标法》第十四条规定,认定驰名商标应当考虑的因素中,并没有硬性要求该驰名商标必须为注册商标。2014 年《驰名商标认定和保护规定》第九条对于证据的规定与司法解释的上述规定基本一样,但后者还要求:"证明该商标使用持续时间的材料,如该商标使用、注册的历史和范围的材料,该商标为未注册商标的,应当提供证明其使用持续时间不少于五年的材料;该商标为注册商标的,应当提供证明其注册时间不少于三年或者持续使用时间不少于五年的材料。"这一规定在认定驰名商标时,表明了未注册商标是可以被认定为驰名商标的。

这就是说,驰名商标的认定是国家商标主管机关或人民法院根据证据认定相关商标知名度的事实:其在多大范围和多高程度上为相关公众所知悉,然后再根据驰名商标认定的知名度门槛判断该知名度事实是否达到驰名水平。该商标是否为注册商标并不是认定驰名商标所要考虑的唯一因素,未注册商标也可以作为驰名商标来进行认定。

综上，只要市场主体提供真实的、证明其使用持续时间不少于五年，且广告投入量、市场知名度、销售收入及利税效益达到一定标准的材料，未注册商标也是可以经国家商标主管机关行政认定或人民法院司法认定为驰名商标的。

案例

"周黑鸭 ZHOU HEI YA 及图"未注册商标被原国家工商行政管理总局商标局认定为驰名商标[1]

湖北周黑鸭食品有限公司在门店招牌和产品包装上使用的"周黑鸭"商标，从 2008 年开始一直受到市场假冒"周黑鸭"商标的企业利益侵害。

连续多年来，"周黑鸭"打假之难，是周黑鸭公司的经营之痛。

2009 年，周黑鸭公司分别在商品和服务国际分类第 29 类、第 35 类，向国家商标局提交了"周黑鸭"文字、"ZHOU HEI YA"汉语拼音、"卡通人物头像"图形以及"周黑鸭 ZHOU HEI YA 及图"等元素的商标注册申请。这些申请均在商标审理流程阶段，尚未发布初审公告及注册公告，所以提交申请的多件商标，仍然属于"未注册"状态。

2010 年，周黑鸭公司聘请了湖北海峰知识产权代理有限公司的专家，作为企业知识产权法律顾问。在商标知识产权专家的专业指导下，周黑鸭公司积极搜集和整理连续五年的、"周黑鸭"商标在国内为公众广为知晓并享有较高声誉的相关证据材料，并通过湖北省工商局向原国家工商行政管理总局商标局提交了申请认定驰名商标的申请。

但在驰名商标申请认定的技术层面上，只能以一件商标符号为要素。为了确保实现"汉字＋拼音＋图形"驰名商标的整体保护，湖北海峰知识产权代理有限公司的专家建议，以"周黑鸭 ZHOU HEI YA 及图"组合商标符号，进行连续五年的相关证据材料的整理与提交。

2011 年 5 月，原国家工商行政管理总局商标局发文认定，周黑鸭公司

---

[1] 案例资料来源于湖北海峰知识产权代理有限公司业务服务案例。

使用在商标注册用商品和服务国际分类第 29 类板鸭、肉、非活禽商品上的"周黑鸭 ZHOU HEI YA 及图"商标为驰名商标,如图 3-5 所示。实际上,根据商标注册业务流程,直到 2012 年 7 月、10 月,原国家工商行政管理总局才先后发布该件商标注册申请的初审公告及注册公告。

至此,"周黑鸭 ZHOU HEI YA 及图"商标成为全国未注册商标被认定为驰名商标的示范案例。

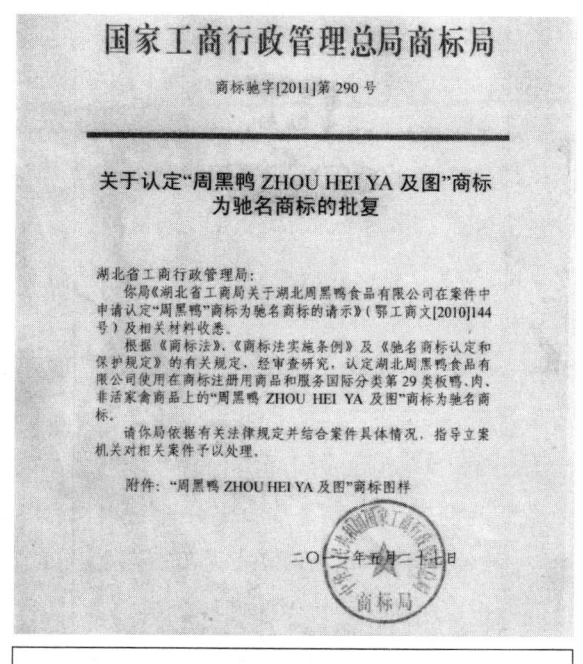

图 3-5 国家工商行政管理总局商标局关于认定
"周黑鸭 ZHOU HEI YA 及图"商标为驰名商标的批复文件

为区域经济助力　地理标志证明商标的市场价值

地理标志证明商标是标示某商品来源于某地区，并且该商品的特定质量、信誉或其他特征主要由该地区的自然因素或人文因素所决定的标志。

地理标志产品是指产自特定地域的原产地产品，来自本地区的种植、养殖产品；原材料全部来自本地区或部分来自其他地区，并在本地区按特定工艺生产和加工的产品。所具有的质量、声誉或其他特性本质上取决于该产地的自然因素和人文因素。

具体行业可划分为：酒、茶、水果、蔬菜、粮油、禽畜蛋、水产、食品饮料、中草药和其他。

申请地理标志证明商标是目前国际上保护特色产品的一种通行做法。通过申请地理标志证明商标，可以合理、充分地利用与保存自然资源、人文资源和地理遗产，有效地保护优质特色产品和促进特色行业的发展。

申请注册地理标志证明商标有以下多项好处。

（一）抢占先机把握地方品牌

"地名+品名"是地理标志的核心内容，具有唯一性和不可重复性。一个产品每个区域只能申请一个地理标志。如"通山麻饼""洪山菜苔""通城紫苏"，依据先申报先注册的原则受理，已申报的产品则不再核准注册。

同时申报成功的地理标志证明商标注册者可获得"地名+品名"文字的商标管理权以及地理标志专用标识的专用权。

（二）掌握产品定价权，提高产品收益

地理标志证明商标是带动地方经济发展的标杆。

经过跟踪调研发现，带有地理标志证明商标的农产品价格普遍比同类

产品价格高出 20%~90%。

地理标志农产品的价格比没有注册保护时的价格，平均增长了 87.69%，将近翻了一番。

(三) 提高产品形象和企业品牌含金量

地理标志证明商标为有形标志，可以直接印制在产品外包装和原材料说明书上。

注册了商标的产品和地理标志证明商标共同使用时，便可以在本地和全国范围内与同行的产品产生差异化，增加竞争力的同时还体现出产品的历史印记和人文风采。

对于没有注册商标的产品，注册地理标志证明商标也是有利于提升品牌形象的选择。

(四) 法律上拥有维权权利

成功注册了地理标志证明商标的产品，市场监管部门即可受理来自社会、群众或申报主体任何一方对于该产品的投诉维权。

申报主体针对假冒、伪劣或损害产品信誉并造成经济损失的行为，有权追究违法当事人给予事实上的经济赔偿。

(五) 促进农民增收、促进地方特色农业发展

地理标志证明商标的注册和保护对增加农产品附加值、不断提高农民收入、促进扩大农产品出口、促进特色农业产业的形成和发展、推进农业产业化水平、优化农业产业结构、促进农业社会化服务体系的发展，并带动其他行业同步发展具有极其重要的意义。

(六) 获得对外贸易的优惠政策

根据产品的类型、海关和外贸政策的不同，产品出口企业享受不同的优惠政策。

（七）获得国际成员国法律保护

中国的地理标志作为集体商标、证明商标申请和注册后，可以利用马德里体系在其他成员方获得商标注册和保护。其他成员方的地理标志也可以通过这一体系到中国获得商标注册和保护。

案 例

地理标志证明商标"赤壁青砖茶"的产业发展壮大之路[1]

湖北省咸宁赤壁市是"万里茶道源头"、中国"青（米）砖茶之乡"。历史上，赤壁青砖茶曾沿着万里茶道，风靡欧亚长达四百年之久。赤壁青砖茶既是赤壁的特色，也是咸宁茶界的一面旗帜，还是咸宁市农业三大特色产业之一。但以前品牌的保护并未受到关注。"赤壁"商标早就被福建商人抢先注册成功。2014年前从规模、市场、定位、营销和品牌等方面来看，赤壁青砖茶的品牌效益都不大，与其他知名产品相比，存在着不容忽视的差距。

2014—2018年，在湖北海峰知识产权代理有限公司专业指导和服务下，赤壁市茶叶协会不仅圆满地与福建商人办理了"赤壁"商标转让手续，而且该商标还先后被国家商标局认定为地理标志证明商标和中国驰名商标。

与"赤壁青砖茶"地理标志证明商标知识产权无形资产相配合，赤壁市茶叶协会还与中国茶叶流通协会及湖北省标准化与质量研究院合作，编制完成了《赤壁青砖茶标准综合体系》，并设定了严格的准入流程与退出机制，让"赤壁青砖茶"高质量发展落在实处。同时，来自赤壁的其他品牌茶叶企业也加入区域公共品牌的联盟。在统一品牌、统一宣传、统一标准的管理体系下，推行专业化分工；在全产业链加强协作，共同肩负起赤壁青砖茶产业发展的重任。

如今，赤壁市依托"赤壁青砖茶"地理标志证明商标公共品牌的强大

---

[1] 案例资料来源于赤壁市茶叶协会。

影响力，强化抱团合作，积极开拓市场，做强做大赤壁茶产业。"赤壁青砖茶"发展壮大之路越走越宽。

赤壁市现发展茶园面积16.2万亩，大小茶企38家，其中，省级以上龙头企业5家（国家级1家）。2019年，茶业总产量4.2万吨，生产产值12亿元，全产业链产值45亿元，实现税收近2000万元。其中，青砖茶产量约4万吨，占全国黑茶市场的10.6%，直接加工产值近10亿元。

赤壁青砖茶先后获得"百年世博名茶金骆驼奖"及"万里茶道第一砖茶"称号，成为湖北区域性公共品牌。赤壁市茶产业先后与20多个国家和地区、省市开展交流合作，在全国大中城市设立直销展示窗口100多处。赤壁青砖茶海外销售窗口于2019年6月在俄罗斯建成投入运营。

近年来，赤壁市委、市政府抢抓国家实施"一带一路"倡议和长江经济带发展战略，坚持"转型升级、绿色崛起"，依托汤茶一、二、三产业融合发展区，做大做强赤壁青砖茶产业集群，打造集多功能于一体的汤茶文化旅游圈，力争在"十四五"末赤壁青砖茶全产业链产值突破300亿元，助推赤壁冲刺全国百强县、创建全国文明城市、建设共同富裕示范市。

区域资源排他性　地理标志证明商标与普通商标的区别

根据 2003 年出台的《集体商标、证明商标注册和管理办法》规定，集体商标、证明商标和地理标志证明商标的注册、使用和管理，与普通商标有很多不同。

（一）身份指代不同

地理标志证明商标的身份指代，是某一个区域的共享资源符号。普通商标的身份指代，只能表明单一个体符号。地理标志证明商标只区隔地产商品，普通商标却可以区隔任何商品和多项服务。地理标志证明商标具有区域资源排他性，产品范围只能产自特定的自然区域。普通商标却可以兼容任何区域资源，没有产地范围限制。

（二）内涵不同

普通商标可以根据申请人的理念进行起名和设计，体现的是情感色彩。而地理标志证明商标是某个地域的特色产品，代表着当地特色产品的特殊自然环境、生态建设、文化传统和生产方式，具有极其丰富的内涵。

（三）构成要素不同

地理标志证明商标的构成要素是叙述性文字，它直接以地理名称说明商品的地理来源，暗示商品所具有的特定和优良品质。而普通商标的构成要素呈多样化，包括文字、字母、数字、图形、三维标志，甚至是颜色的组合等，主要是从视觉上的可视性进行强调。地理标志证明商标的构成一般要求是"地理名称+商品名称"，构成较为简单。地理标志证明商标表示商品源自"何处"，普通商标则表示商品源自"何人"。

简单地说，普通商标只要符合法律规定，具有识别性即可；而地理标志证明商标需要满足以下条件：

（1）地理标志的标识具有识别性，并具有较高的知名度。

（2）地理标志标识的产品具有一定的质量特色。

（3）地理标志标识的产品具有明确的产地范围。

（4）地理标志标识的产品的特色与产地的自然因素及人文因素有因果关系。

（四）名称元素不同

普通商标不能使用通用名称，地理标志证明商标可以在商品通用名称的标识上使用通用名称。

（五）申请主体不同

普通商标的申请主体可以是自然人、法人或其他组织，地理标志证明商标的申请主体是能够代表整个地理标志产业利益的组织，如产业协会或类似主体，自然人或企业不可以申请。

（六）权利获得的前提条件不同

商标权的获得是以商标的注册为先决条件，注册商标权产生于注册。地理标志获得保护的前提是已经非常有名气的某一特定的商品，并且其内在特有的质量、声誉和其他特征与该特定的地域密切相关，注册只是对已经存在的这种权利的进一步确认。因此，地理标志注册不是权利产生的前提，而是一种公示宣告、一种权利确认。

（七）保护期限不同

商标有效期为10年，要使商标继续受到保护，权利人必须进行续展。而地理标志具有永续性，不受时间的限制。

（八）声誉积淀不同

商标是先申请批准注册，再积累商品声誉，形成无形资产。而地理标志却是先进行多年的历史积累，再申请核准登记，追认为知识产权。

（九）保护方式不同

现行的地理标志保护制度更多的是从国家和社会公众利益出发，所以其保护方式是"禁"，即更多的是以《反不正当竞争法》《产品质量法》等经济法加以规范。而商标的保护则是落实在私法方面，其保护方式是"行禁并举"，即以《商标法》为核心加以保护，同时辅以《反不正当竞争法》及《产品质量法》等经济法加以保护。

> **案 例**

"京山桥米"地理标志证明商标与"国宝桥米"商品商标的区别

"京山桥米"商标是京山市粮食行业协会注册的地理标志证明商标，属于当地粮食协会成员企业共享的公共商标品牌。

"国宝桥米"商标是湖北国宝桥米有限公司注册在大米商品上的商品商标，属于企业专有的商标品牌。

"国宝桥米"商标只能证明商品来源的生产企业。

"京山桥米"商标则可证明商品的物源产地。

"京山桥米"商标用在商品上时，可以在包装上印制地理标志专用标志，并有生产企业的统一社会代码号，如图3-6所示。地理标志专用标志具有地域排他性，京山市以外地域的大米加工企业，在大米商品包装上不能使用"京山桥米"地理标志证明商标。

图3-6 印制有"京山桥米"地理标志证明商标的"国宝桥米"外包装

程序流程应合规
申请注册地理标志证明商标的注意事项

（一）申请人应具备的条件

（1）以地理标志作为证明商标注册的，其商品符合使用该地理标志条件的自然人、法人或者其他组织可以要求使用该证明商标，控制该证明商标的组织应当允许。

（2）以地理标志作为集体商标注册的，其商品符合使用该地理标志条件的自然人、法人或者其他组织，可以要求参加以该地理标志作为集体商标注册的团体、协会或者其他组织，该团体、协会或者其他组织应当依据其章程接纳为会员；不要求参加以该地理标志作为集体商标注册的团体、协会或者其他组织的，也可以正当使用该地理标志，该团体、协会或者其他组织无权禁止。

（3）《商标法》第十六条规定商标中有商品的地理标志，而该商品并非来源于该标志所标示的地区，误导公众的，不予注册并禁止使用；但是，已经善意取得注册的继续有效。

（二）申请注册流程

（1）委托商标代理机构办理地理标志证明商标或地理标志集体商标注册申请。

（2）申请人直接到商标局的商标注册大厅办理。

（3）申请人也可到商标局驻中关村自主创新示范区办事处办理。

（三）申请注册所需材料

（1）《商标注册申请书》。

（2）委托代理地理标志证明商标注册的，需要提交《商标代理委托书》。

（3）地理标志证明商标申请人主体资格证书复印件（需加盖申请人公章）。

① 地理标志证明商标注册申请人可以是社团法人，也可以是取得事业单位法人证书或营业执照的科研和技术推广机构、质量检测机构或者产销服务机构等。

② 申请地理标志集体商标的，应当附送集体成员名单。

③ 外国人或者外国企业申请地理标志集体商标、证明商标注册的，应当提供该地理标志以其名义在其原属国受法律保护的证明。

④ 地理标志所标示地区的人民政府或者行业主管部门授权申请人申请注册并监督管理该地理标志的文件。

⑤ 有关该地理标志产品客观存在及信誉情况的证明材料，除通过提供县志、农业志、产品志、年鉴、教科书外，还可以通过提供正规公开出版的书籍、国家级专业期刊、古籍等材料证明其地理标志商品的客观存在及声誉情况。并加盖出具证明材料部门的公章。

⑥ 地理标志所标示的地域范围划分的相关文件、材料，相关文件包括：县志、农业志、产品志、年鉴、教科书中所表述的地域范围；或者是该地理标志所标示地区的人民政府或行业主管部门出具的地域范围证明文件。

⑦ 地理标志证明商标、集体商标使用管理规则。

⑧ 地理标志产品的特定质量、信誉或者其他特征与当地自然因素、人文因素关系的说明。

⑨ 地理标志申请人具备监督检测该地理标志能力的证明材料。

申请人具备检验检测能力的，需要提交检验设备清单及检验人员名单，并加盖申请人的公章。申请人委托他人检验检测的，应当附送申请人与具有检验检测资格的机构签署的委托检验检测合同原件，提交该检验检测机构资格证书的复印件及检验设备清单、检验人员名单，并加盖其公章。

（四）申请注册审查时间

代理申请注册地理标志证明商标所需时间是 1 年左右，商标局受理 1 个月左右下发受理通知书，申请提交后 9 个月会完成商标实质审查，经过 3 个月的初审公告，并核准注册后 1 个月左右下发商标注册证书。

附：地理标志证明商标使用管理规则样本（见图3-7）

赤壁市茶叶协会
"赤壁青砖茶及图"地理标志证明商标使用管理规则

第一章 总 则

第一条 为了促进"赤壁青砖茶及图"的生产、经营，提高商品服务质量，维护和提高"赤壁青砖茶及图"地理标志证明商标在国内外市场的声誉，保护使用者和消费者的合法权益，根据《中华人民共和国商标法》《中华人民共和国商标法实施条例》和国家市场监督管理总局《集体商标、证明商标注册和管理办法》，制定本规则。

第二条 "赤壁青砖茶及图"是经国家市场监督管理总局核准注册的地理标志证明商标，用于证明"赤壁青砖茶及图"的原产地域和特定品质。

第三条 赤壁市茶叶协会是"赤壁青砖茶及图"地理标志证明商标的注册人，对该商标享有专用权。

第四条 申请使用"赤壁青砖茶及图"地理标志证明商标的，应当按照本规则的规定，经赤壁市茶叶协会审核批准。

第二章 "赤壁青砖茶及图"地理标志证明商标的使用条件

第五条 使用"赤壁青砖茶及图"地理标志证明商标的商品的生产地域范围为赤壁市赵李桥镇、新店镇、茶庵岭镇、神山镇、车埠镇、中伏铺镇、官塘驿镇、赤壁镇、柳山湖镇、黄盖湖镇、余家桥乡10镇1乡。地理坐标是东经113°32′—114°13′，北纬29°28′—29°59′。

该区域气候属于亚热带大陆性季风气候，在季风环流的影响下，年降雨量达1600毫米，其中陆水河、汀泗河纵贯全境。构成黄盖湖、陆水湖、西梁湖3大水系。土壤由于是页岩风化形成的，含细沙黏，具有良好的透气性、排水性，又在雨季被大量雨水冲刷，其中的碱性物质流失，逐渐形成富含酸性元素的红壤，PH在4.5~5.5之间，而茶树喜在偏酸性环境生存，其棵树因有机酸较多，在生理上需要酸性土壤养护，使得茶树根系长得更好更发达，抓地深入，充足的水资源为当地的植被生长提供了优良的环境，是形成富含腐殖质的基础，也使得肥土壤厚，有利于茶树的稳定生长。

该区域在北纬29°28′—29°59′，境内多为海拔200～700米左右的低矮山坡、丘陵等地貌，又是临长江的斜坡地形，良好的空气环流，使得年平均气温在16.9℃。在2月中旬，该地区的日间温度达11℃以上，茶树嫩芽开始萌发，在4月下旬，日照充足且日平均温度在20℃以上，恰为茶树生长所需最适宜温度，茶叶、茶梗长得茂盛肥胖，并形成一芽两叶的结构。在5月中旬，经过三个月的长时间稳定生长，就可以一芽四、五叶带白梗进行面茶采割。在6月下旬直至10月中旬，茶叶、茶梗超过最多四个月的生长，成熟度较高，可以一芽五、六叶粗梗进行里茶采割。此时，里茶的生长时间在夏季，白天的日照长达10小时以上，而植物天性的光化作用，使茶

叶的纤维细胞大量分裂，茶叶中的纤维素变得粗壮，不仅防止了强光照射带来的损伤，还形成茶叶久煮耐泡的特性。又由于江水的比热容大，能在白天吸收热量，避免茶树被烧灼所损伤，这种自然生态的时温调节，还使茶叶内部原活性降低，暗茶茶叶的光合作用减弱，呼吸作用增强，茶叶内部的糖类等有机物质消耗增加，使得茶多酚的含量低于20%。在夜间，江水的热量发散出来，温度会保持在16℃以上，使茶茶叶呼吸作用减弱，能量消耗减少，糖类物质也能得到有效积累，赤壁青砖茶较长的生长周期和采收周期，使得茶叶、茶梗的纤维粗壮、糖类等有机物质积累更多，茶多酚较低，为茶叶、茶梗在长时间的渥堆、陈化过程中提供足够原料，并能形成特有的趣味。

同时，赤壁青砖茶的制作沿用传统手工方法，经杀青、揉捻、晒干。该区域的夏、秋季日均温度能达24℃以上，而渥堆的最佳时间段在6-10月，此时的气温高，湿度低，适宜的温度保证微生物大量繁殖，其呼吸代谢中释放热量，导致渥堆中叶温逐渐上升达到40℃以上，促进渥堆变化，有利于渥堆过程中微生物的生长与转化。又是进行大渥堆的方式，确保内部各梗支撑，空气流通充分，有黑曲霉、米曲霉、芽枝霉、无芽孢细菌、芽孢细菌、葡糖球菌等化能异养型微生物，对糖类物质进行分解与合成代谢，同时分泌各种胞外酶，对茶叶中的各种物质产生酶促作用，导致PH值下降，茶叶、茶梗生化成分转化（叶绿素的降解、蛋白质、果胶的水解、纤维素的分解），形成赤壁青砖茶特有品质，其趣味是以贵腐酵为主要组分的一种多味的综合体。又因为赤壁市的渥堆库房多为沿用五十年以上老库，其中富集有益菌

群，使得渥堆的青砖茶口感更醇和，有甘甜的"润韵"特征。再进行陈化时，整个周期长达8个月，茶叶、茶梗的有机物继氧化完全后含有的醇类、醛类物质增加，使其色彩呈褐红色，且产生更多的复杂更多，达1.4%左右，刺激性物质发散，茶香浓郁且纯正。且酚类物质进行氧化完全后茶多酚含量能够低于4.3%左右、儿茶素含量0.8%左右，形成大量茶红素、茶黄素，使汤色橙亮。再进行蒸制、紧压，使得砖茶呈长方砖形，表面因完全氧化之后的青褐色表面，在久存后，表面因氧化而呈红褐色，具有层次分明的杏仁香、果木香、桂花香、药香等复合香气。

第六条 使用"赤壁青砖茶及图"地理标志证明商标的商品的特定品质。长方砖形，砖面光滑，色泽青褐，陈年砖茶面红褐；耐久煮，汤色橙红，浓厚馨香，滋味醇厚，口甘爽水，散发复杂而有尚可溶物质析出，汤色呈亮红，陈年砖茶汤色深红且明亮，具有特有的复合香，口感甘醇、层次丰富，有甘甜的"润韵"特征。其含有的游离氨基酸为1.4%左右，茶多酚为4.3%左右，儿茶素为0.6%左右。

第七条 同时符合以上使用条件的产品经营者，可申请使用"赤壁青砖茶及图"地理标志证明商标。

第三章 "赤壁青砖茶及图"地理标志证明商标的使用申请程序

第八条 申请使用"赤壁青砖茶及图"地理标志证明商标的申请人应向赤壁市茶叶协会递交《地理标志证明商标使用申请书》。

图3-7 《赤壁市茶叶协会"赤壁青砖茶及图"地理标志证明商标使用管理规则》文件

第九条 赤壁市茶叶协会自收到申请人提交的申请书后，在30天内完成下列审核工作：
1、赤壁市茶叶协会派人对申请人的产品及产地进行实地考察。
2、综合审查后，做出书面审核意见。

第十条 符合"赤壁青砖茶及图"地理标志证明商标使用条件的，应办理如下事项：
1、双方签订《地理标志证明商标使用许可合同》；
2、申请领取《地理标志证明商标准用证》；
3、申请领取地理标志证明商标标识；
4、申请人交纳管理费。

第十一条 申请人未获准使用"赤壁青砖茶及图"地理标志证明商标的，可以自收到审核意见通知30天内，向注册人所在地县级以上市场监督管理局申诉，赤壁市茶叶协会尊重市场监督管理局的裁定意见。

第十二条 "赤壁青砖茶及图"地理标志证明商标使用许可合同有效期为一年，到期继续使用者，须在合同有效期届满前30天内向赤壁市茶叶协会提出续签合同的申请，逾期不申请的，合同有效期届满后不得使用该商标。

第四章 "赤壁青砖茶及图"地理标志证明商标被许可使用者的权利和义务

第十三条 "赤壁青砖茶及图"地理标志证明商标被许可使用者的权利：
1、在其产品上或包装上使用该地理标志证明商标及"中国地理标志产品专用标志"；
2、使用"赤壁青砖茶及图"地理标志证明商标进行产品广告宣传；
3、优先参加赤壁市茶叶协会主办或协办的技术培训、贸易洽谈、信息交流活动等；
4、对地理标志证明商标管理费的使用进行监督；

第十四条 "赤壁青砖茶及图"地理标志证明商标被许可使用者的义务：
1、维护"赤壁青砖茶及图"地理标志证明商标产品的特定品质、质量和声誉，保证产品质量稳定；
2、接受赤壁市茶叶协会对产品品质的不定期的检测和商标使用的监督；
3、"赤壁青砖茶及图"地理标志证明商标的使用者，应有专人负责该地理标志证明商标标识的管理、使用等，确保"赤壁青砖茶及图"地理标志证明商标标识不失控、不挪用、不流失、不得向他人转让、出售、馈赠"赤壁青砖茶及图"地理标志证明商标标识，不得许可他人使用"赤壁青砖茶及图"地理标志证明商标；

第五章 "赤壁青砖茶及图"地理标志证明商标的管理

第十五条 赤壁市茶叶协会是"赤壁青砖茶及图"地理标志证明商标的管理机构，具体实施下列工作：
1、负责《地理标志证明商标使用管理规则》的制定和实施；
2、组织、监督核发规定使用该地理标志证明商标及"中国地理标志产品专用标志"；
3、负责对使用该地理标志证明商标的商品进行全方位的跟踪管理；
4、对商品质量进行监督检测；
5、维护"赤壁青砖茶及图"地理标志证明商标专用权；
6、协助市场监督管理局调查处理侵权、假冒案件；
7、对违反本规则的经营者进行处理。

第十六条 对本规则条款的修改应经经国家市场监督管理总局审查核准，并自公告之日起生效。
赤壁市茶叶协会与"赤壁青砖茶及图"地理标志证明商标被许可使用人签订的许可使用合同，送交双方所在地市场监督管理局存查，并报送国家市场监督管理总局备案，由国家市场监督管理总局公告。

第十七条 赤壁市茶叶协会为保证"赤壁青砖茶及图"地理标志证明商标使用工作的科学性、严肃性、公正性、权威性，诚请各有关部门和社会团体进行监督，同时也接受和处理使用"赤壁青砖茶及图"地理标志证明商标产品的消费者的投诉。

第六章 "赤壁青砖茶及图"地理标志证明商标的保护

第十八条 "赤壁青砖茶及图"地理标志证明商标有有关法律保护，如有假冒侵权等行为发生，赤壁市茶叶协会将组织取证搜集证据材料，并对举报单位和个人给予必要的奖励。

第十九条 对未经赤壁市茶叶协会许可，擅自在本申请书包括的商品上使用与"赤壁青砖茶及图"地理标志证明商标相同或近似商标的，赤壁市茶叶协会将依据《中华人民共和国商标法》及有关法规和规章的规定，提请市场监督管理局依法查处或向人民法院起诉；对情节严重，构成犯罪的，报请司法机关依法追究侵权者的刑事责任。

第二十条 "赤壁青砖茶及图"地理标志证明商标的使用者如违反本规定，赤壁市茶叶协会有权收回其《地理标志证明商标准用证》，收回已领取的地理标志证明商标标识，终止与使用者的地理标志证明商标使用许可合同；必要时将请求市场监督管理局调查处理，或寻求司法途径解决。

第七章 附则

第二十一条 使用"赤壁青砖茶及图"地理标志证明商标的具体管理费标准，由赤壁市茶叶协会按照国家有关规定并报有关部门审批后实施。

图3-7 《赤壁市茶叶协会"赤壁青砖茶及图"地理标志证明商标使用管理规则》文件（续）

第二十二条 "赤壁青砖茶及图"地理标志证明商标的管理费专款专用，主要用于商标注册、续展事宜，印制地理标志证明商标标识和"中国地理标志产品专用标志"标识、检测产品，受理地理标志证明商标投诉、收集案件证据材料和宣传地理标志证明商标等工作，以保障"赤壁青砖茶及图"地理标志证明商商品的声誉，维护使用者和消费者的合法权益。

第二十三条 本规则自国家市场监督管理总局核准注册该地理标志证明商标之日起生效。

图3-7 《赤壁市茶叶协会"赤壁青砖茶及图"地理标志证明商标使用管理规则》文件（续）

附录　业务文章

撰写商标业务文章，记录商标人的观察与思考——

一千万买来的噩梦

——"智强"商标转让权属纠纷案调查

文/夏 源

花 1000 万元的巨资购买"智强"商标，到头来竟是"水中捞月"，一无所获。武汉智强天然好食品有限公司总经理面对这样无情的现实，欲哭无泪。

花 1000 万元高价购买商标，最后商标权属还不是自己的，这样一个堪称"惊世奇案"的事件背后究竟有什么不为人知的曲折故事？

事出无奈买商标　越陷越深被套牢

武汉智强天然好食品有限公司的前身——武汉晨泽工贸发展有限公司（以下简称武汉晨泽公司），自 1997 年起一直与四川智强食品集团有限公司（以下简称四川智强食品集团）有着密切的业务合作，武汉晨泽公司为四川智强食品集团的"核桃粉"生产提供奶粉原料。

1998 年 11 月，被誉为"中国核桃粉大王"的四川智强食品集团，以 6750 万元的巨资夺得央视 1999 年第一、二、四季度广告黄金段位的"A 特段"，在当时被一些媒体大加吹捧，"智强"商标的知名度迅速提升。据资料显示，这家由原四川达县粮食局食品二厂改制更名的企业，有过短暂的辉煌，其主导产品"智强核桃粉"销往全国近 400 个大中城市，并出口新加坡等东南亚国家，企业先后获得"四川省重点企业"等殊荣。

然而，巨额广告费和一系列荣誉光环并没有让四川智强食品集团在市场上持续火爆下去。几年后，四川智强食品集团的经营已是每况愈下，对各协作企业的货款一拖再拖，至 2002 年 10 月，仅拖欠武汉晨泽公司的原料款就达 540 多万元。在无数次讨债无果的情况下，当时武汉晨泽公司对"智强"商标的品牌无形资产价值尚存期望，于是接受了四川智强食品集团的建议，双方协议以商标转让的变通形式来解决债务纠纷。双方于 2002 年 10 月 15 日签订的《转让协议书》约定：四川智强食品集团有限公司将其拥有的鸡精生产线设备所有权、鸡精营销网络、鸡精商标以人民币 1000 万元的价格转让给武汉晨泽工贸发展有限公司，其中除 540 多万元的原料款作为商标转让费的底数，剩下 450 多万元转让费在两年内付清；另外，四川智强食品集团还特许武汉晨泽公司无偿使用四川智强食品集团的企业名称一年。根据以上协议，武汉晨泽公司为了使企业的经营运作能够更好地与"智强"品牌对接，于 2002 年 10 月重新注册登记，专门成立了"武汉智强天然好食品有限公司"。

2003 年 7 月 14 日，四川智强食品集团有限公司法定代表人唐某某又与武汉智强天然好食品有限公司法定代表人吴某某，重新就"智强"商标的"许可使用"事宜签订了一份《商标使用许可合同》。

《商标使用许可合同》载明：甲方（四川智强食品集团有限公司）将已注册的使用在 30 类鸡精、味精、食用香料、酱油、食盐商品上的第 3024782 号、第 3580333 号、第 3580334 号"智强"商标，许可乙方（武汉智强天然好食品有限公司）使用在相应的商品上。许可使用的期限自 2003 年 7 月 14 日起至 2013 年 5 月 30 日止。合同期满，如需延长使用时间，由甲乙双方商量后另行续订商标使用许可合同。另在该合同的第八条载明许可使用费及支付方式为无偿使用；在第十二条的其他事宜中载明："甲方唯一许可乙方独家使用'智强'商标在 30 类的鸡精、味精、食用香料、酱油、食盐商品上。"该合同最后还注明："本合同一式陆份，自签订之日起三个月内，由甲、乙双方分别将合同副本交送所在地县级工商行政管理机关存查，并由甲方报送商标局备案。"

在转让费即将付清的当年 10 月 7 日，唐某某与吴某某接着又就"智强"商标转让事宜续签了一份《转让补充协议》。《转让补充协议》条款载明："1. 甲方应于近期与乙方一道，到国家工商局将甲方已申请注册的在调味品类智强品牌所有商标实行变更登记转让给乙方企业名下。2. 在品牌转让的同时，乙方应一次性缴给甲方人民币 70 万元，乙方付款给甲方收妥后，甲方将所有手续交乙方自行前往北京办理。"于是，武汉智强天然好食品有限公司遵照四川智强食品集团法定代表人唐某某的亲笔签条，于 2003 年 10 月 13 日将这 70 万元余款"调账"转交给了四川智强食品集团的另一家债权单位"四川朝晖建筑公司第六工程处"，抵减四川智强食品集团所欠的建筑工程款。

按照《转让补充协议》的约定，武汉智强天然好食品有限公司只需交齐最后的 70 万元，就可以名正言顺地获得"智强"商标品牌资产的专用权了。

然而，事情并没有这么简单……

"一女二嫁"情不专　信誓旦旦成谎言

《转让补充协议》签订后的第三天，四川智强食品集团为了表示自己对待商标转让事宜的诚恳态度，专门打印了一份《承诺》，写道："我公司在 30 类调味品系列中，鸡精、味精等商品所注册的'智强'所属商标已转让给武汉智强天然好食品有限公司。在 30 类调味品系列中，鸡精、味精等商品上重新注册'智强'二字，由武汉智强天然好食品有限公司自行申报，我公司不再在 30 类调味品类拥有和注册，也不再转让第三方。"

按理说，依照商界交往的诚实信用原则，以上的《承诺》应该让商标受让方武汉智强天然好食品有限公司吃了一颗定心丸。然而等啊等，一直到 2005 年 2 月，"智强"商标的转让事宜迟迟未见下文，武汉智强天然好食品有限公司负责人有点坐不住了。

2005 年 2 月 26 日，有关商标专家连夜赶往北京，去商标局调查与此案相关的档案资料。结果令所有人"大跌眼镜"——早在四川智强食品集团与武汉智强天然好食品有限公司签订《转让补充协议》和信誓旦旦许下《承诺》的时候，他们已在密谋"智强"商标的另一去向。

负责调查的专家还了解到，2003 年 10 月 29 日，也就是在《转让补充协议》和《承诺》签署之后不到 20 天的时间内，四川智强食品集团已与上海宝莱包装有限公司正式签订了《商标及股权转让协议书》。上海宝莱包装有限公司也是四川智强食品集团的债权单位之一。

该《商标及股权转让协议书》载明：甲方（四川智强食品集团有限公司）同意将其在16类、29类、30类、32类由甲方注册的商标转让给乙方（上海宝莱包装有限公司），作为甲方偿清乙方5332742.89元欠款及甲方支付乙方在四川雅安智强乳品有限公司的全部出资215万元的转让费；同时，乙方还需向甲方支付货币资金人民币50万元。

负责调查的专家认为，上海宝莱包装有限公司对已经随其总部一起破产的四川雅安智强乳品有限公司的原215万元出资款是投资损失而不是债权，实际上上海宝莱包装有限公司仅以583万元人民币的价格，就得到了"智强"商标四个类别21个细项（其中包括四川智强食品集团承诺转让给武汉智强的第3024782号）的商标权，而武汉智强天然好食品有限公司花了1000万元却还没有买到其中一个类别的商标权。

另外，在中国商标专利事务所有限公司查询的结果显示，由该公司代理的四川智强食品集团委托其负责的"智强"商标向武汉智强天然好食品有限公司的转让申请，已在2004年6月29日被商标局驳回。

这一切，武汉智强天然好食品有限公司一直被蒙在鼓里。

2005年3月24日，有关商标知识产权专家奔赴四川，到四川省有关部门继续深入调查此案。一份2003年11月17日的《四川省达县人民法院公告》显示，四川智强食品集团已于2003年10月28日向该企业所在地的达县人民法院提交了企业破产申请。四川智强食品集团在向人民法院提出破产申请的第二天，即10月29日就匆匆与上海宝莱包装有限公司签订了《商标及股权转让协议书》并迅速采取相应行动。

四川智强食品集团弃自己白纸黑字的《承诺》于不顾而突然"移情"，这是一直对其心存幻想的武汉智强天然好食品有限公司法定代表人吴某某所始料不及的，自己花费巨资换来的竟是一场空，他悲怆地说："这些都是职工们多年来辛苦劳动的血汗钱呀！这世上究竟还有没有公理？"

负责调查的商标专家对"智强"案卷资料进行分析并指出，在本案当事人双方于2003年7月14日签订的《商标使用许可合同》中，所谓许可使用的"已注册的""第3024782号、第3580333号、第3580334号'智强'商标"，除"第3024782号"甲方确实已注册外，后两个"第3580333号、第3580334号"商标并未获得核准注册。授权方是以并未核准注册的商标冒充注册商标进行授权许可，因此这起"智强"商标的转让个案极有可能是授权方设下的一个有预谋的"陷阱"。

为了尽量减少企业损失，武汉智强天然好食品有限公司已就四川智强食品集团涉嫌商标欺诈的行为向有关部门提出申诉，要求本着尊重事实、维护公理的原则慎重处理这起"智强"商标转让权属纠纷案。同时他们还向商标评审委员会提出申请，请求撤销上海宝莱包装有限公司已申请转让注册、原属武汉智强天然好食品有限公司按合同许可使用在先的 30 类第 3024782 号商标。

商标运作有风险　专业指导有必要

一个商标许可、转让的谎言演绎出的辛酸故事，给人们带来的不仅是感慨，也应当引起更深的思考。

中南民族大学副教授、湖北源创商标代理有限公司董事长商世民指出：随着品牌的价值张力对市场的主宰作用日益明显，商标的价值日益为人们所重视和认可。对于那些不懂商标法规的当事人来说，在申请注册商标或接受许可使用商标以及接受转让商标的过程中，难免会面临或大或小的风险。如果当事人在进行商标运作时，能够及时与相关的专业商标服务机构沟通，得到正确的指导，就可能规避风险。在"智强"商标许可、转让这个案件中，双方签订的《商标使用许可合同》中甲方将并未获准注册的两个商标作为"已注册的"商标实施许可使用，如果乙方当事人当时向专家进行了咨询，骗局就会被揭穿。"在现代经营中，企业迫切需要有像'保健医师'那样的顾问为自己的商标战略进行'健康指导'。"商世民说。

（本文原载于《中国工商报》2005 年 4 月 14 日一版）

真假"周黑鸭"斗法

——"周黑鸭"商标权益纷争调查

文/周　洞　夏海峰　贾　冰

自2008年以来，武汉市工商、质监等部门积极协助正宗"周黑鸭"打假，然而山寨"周黑鸭"越打越多，市场越打越滥，谁来保障消费者吃到真的"周黑鸭"？

一家靠独特口味卤制品征服消费者的汉产知名熟食品，仅用4年时间就让"周黑鸭"三个字成为湖北省乃至全国许多省市的一道风景。但是这道"周黑鸭"的风景中却出现了真假"周黑鸭"博弈斗法的无奈。"周黑鸭"创业成长一路走来，年复一年地遭山寨"周黑鸭"蚕食，许多消费者慕名购买"周黑鸭"，买到的竟是口味、口感甚至品质完全不同的假冒"周黑鸭"。

有新闻媒体报道为证：

《50米内，"周黑鸭"扎堆——都称正宗，都是"李鬼"，都被端了》（2008年10月8日《楚天都市报》），《假冒"周黑鸭"敢称"政府推荐品牌"——全市假冒店增至57家》（2009年1月10日《长江日报》），《真假"周黑鸭"对峙火车站——"高仿"店已远远超过正宗店的规模》（2009年1月21日《武汉晚报》），《武昌火车站附近山寨店林立，外地人分不清真假——10家"周黑鸭"只有1家正宗》（2009年10月21日《长江商报》），《店面像真的，包装上私自贴有质量安全标志——武昌两大假冒"周黑鸭"窝点昨曝光》（2009年12月10日《楚天金报》），《冒牌"周黑鸭"公然举办全国订货会》（2009年12月15日《武汉晨报》）……

据湖北周黑鸭食品有限公司（以下简称湖北周黑鸭公司）提供的资料，全国各省市遍地开花的"周黑鸭"专卖店中，正宗的配备了系列防假冒措施的直营店共2000多家店面,其他均为克隆版"周黑鸭",仅武汉一度有超过130家仿冒"周黑鸭"店铺。

而更严重的是,一些"李鬼"简直就是在打着"周黑鸭"的招牌做着坑害消费者赚昧心钱的勾当!请看以下触目惊心的新闻标题:《假冒"周黑鸭"厕所制造——工商昨查处四"李鬼"》(2008年10月15日《楚天金报》),《鸭脖上爬有蛆虫——工商取缔"克隆"周黑鸭店》(2009年5月25日《武汉晚报》),《"周黑鸭"打假打出恶心一幕——腐烂鸭肉制诱人卤鸭》(2009年12月10日《楚天都市报》)……

湖北周黑鸭公司董事长周富裕无奈地说:"我做周黑鸭品牌花了大量心血,而现在天天都有消费者打电话投诉,说鸭子有问题,一问在哪买的,才知道是假店出售的!"

"克隆周黑鸭"对正宗周黑鸭的冲击非常大。该公司在汉口火车站的一家店以前每日销售额2万余元,几家"克隆周黑鸭"在周边出现后,该店日营业额立即下滑到5000余元。

"周黑鸭"商标知识产权维权意识觉醒后,湖北周黑鸭公司从2008年开始连年打假维权,而无数山寨"周黑鸭"像菜园子里的韭菜一样,割了一茬,一茬又起,而且越长越多,越长越茂密!于是市场上就出现了非常无奈的现实:一方面,"周黑鸭"的经营利益受到严重侵害;另一方面,消费者由于难辨真假无法吃到真正的"周黑鸭"。

这样的无奈现状还要继续下去吗?

真假莫辨　满城尽见"周黑鸭"

1996年5月,"周黑鸭"创始人周富裕(又名周鹏)在汉口航空路开了第一家"怪味鸭"店。因口感独特受到热捧。然而好景不长,"怪味鸭"开始被人复制并争抢市场,这时周富裕开始想到要为"怪味鸭"立一个合法的名分——申请商标注册进行经营保护。但是由于"怪味鸭"不具有显著性,商标代理机构人员告诉他无法注册。

周富裕是重庆人,当地人喜欢用姓氏作为招牌,如黄记、吴记、易记等,周富裕姓周,自己加工的卤制鸭为黑褐色,结合这些要素,周富裕想到了"周黑鸭"三个字。

2004年9月17日,周富裕以"武汉市江岸区周记黑鸭经营部"名称取得个体工商户营业执照;2005年5月26日,又在武昌区工商部门登记了"武汉市武昌区周黑鸭食品店",名正言顺地经营起"周记黑鸭"和"周黑鸭"卤制熟食。随着经营业务的迅速发展,2006年6月,周富裕成立了武汉世纪周黑鸭食品有限公司;同年,公司旗下所有门店统一使用"周黑鸭"字号作为招牌。2008年5月12日,公司变更为湖北周黑鸭食品有限公司;同年9月,生产基地搬迁到江岸区谌家矶,从作坊式生产跨越到工业化生产。厂房建筑面积8000平方米,年加工生产鸭类产品5000吨以上(其中整鸭100万只)。

由于"周黑鸭"的口味独特,辣中含甜满口生香,深受市民喜爱,回头客频频光顾"周黑鸭"门店,"周黑鸭"悄然走红江城,在武汉三镇的一级商圈和繁华地段,人气最旺的卤制熟食唯有"周黑鸭"门店,醒目的绛红色店门前,等待购买的顾客常常极有耐心地大排长龙。

"周黑鸭"入口微甜爽辣,吃后回味悠长,它那黑褐颜色,它那中草药的香气,它那异味的配方,它的"概不加盟"的经营模式以及它的林林总总已成了人们津津乐道的话题,网上网下都热辣生香。

"周黑鸭"商标的图形也成了追崇者们心灵约定的符号。这个图形是以周富裕儿时肖像为原型进行夸张设计的卡通男孩头像,聪灵可爱。这一特定的视觉符号十分符合现代都市男女的审美,大家由"周黑鸭"商标的图形的视觉记忆,联想到麻辣甜香的"周黑鸭",不禁立马口舌生津。

"你喜欢吃周黑鸭吗?"一部热演的青春话剧《奋斗》中的台词,使"周黑鸭"的声名风靡武汉、远播全国。某媒体的一篇报道上有一段关于"周黑鸭"的非常煽情的话:"来汉旅游,慕名买点;出差路过,带回尝尝;假期回家,赠友孝亲;饮食男女,在恋爱中带着周黑鸭的味道;街头巷尾,在喧嚣中聆听周黑鸭的声音。天热了,吃点周黑鸭麻麻口;天冷了,吃点周黑鸭暖暖身。想念周黑鸭的笑,想念周黑鸭的黑外套,在记忆里,我们一直都拥有这种难忘的味道!"

"周黑鸭"的声名越播越远,越传越响!

2007年和2008年是湖北周黑鸭公司创立以来发展最快的两年。员工从初期80多人增长到1000多人，仅武汉市区店面就从最初的30多家增长为100多家。2008年公司产值突破亿元；2009年，店面扩张至2000多家，销售额迅速飙升，而网络直购业务更是遍及全国，大有"神州尽尝周黑鸭"之势。作为武汉市农产品加工重点龙头企业，湖北周黑鸭公司辐射带动了肉鸭产业链条的不断拉长。该公司已与武汉市周边及其他地区养殖户近千户进行结盟，带动5000余名农民念起"养鸭致富经"。"周黑鸭"甚至被作为经营案例列入了一些大学和企业管理课程。"周黑鸭"创造了中国卤制品行业的奇迹。

在创造行业奇迹的同时，另外一个"奇迹"也被创造着：与"周黑鸭"名称类似的仿冒店数量猛增，大大超过正规直营店数量，更有在全国蔓延之势。"李鬼"的闹剧继"怪味鸭"之后又一次盛装上演，而正宗"周黑鸭"只能在鱼龙混杂的市场中艰难前行。

世纪周黑鸭、国华周黑鸭、金牌周黑鸭、武汉周黑鸭、汉武周黑鸭、汉口周黑鸭、汉味周黑鸭、绝味周黑鸭、唐人周黑鸭、太子周黑鸭、金太子周黑鸭、口福周黑鸭、三品周黑鸭、周氏黑鸭、周姐黑鸭……不管经营卤制品的店主是否姓周，大家都打着"周黑鸭"的招牌，"周黑鸭"仿佛已经成了"唐僧肉"，谁都想上来吃一口；更严重的是山寨"周黑鸭"竟立起了加盟旗帜，以收取加盟费为由广为敛财。但事实上，正宗的"周黑鸭"为了保证品质一直坚持只做直营不做加盟。随着越来越多的卤菜商家、加盟商的频繁使用，"周黑鸭"这个企业原创字号越来越像行业通用名称，在百度上输入"周黑鸭"字样，竟出现约1300000个相关网页，其中很大一部分是关于假店加盟和传授技术的推广信息。

"周黑鸭"的假冒者明目张胆，从门店招牌、价格表、食品包装袋、认证标识等，全方位复制正宗"周黑鸭"，有些连包装袋上的地址、电话、公司名称甚至员工服饰都全套克隆。

面对"周氏黑鸭大家族"的泛滥繁衍，由于没有具有独享性和排他性的注册商标作护盾，湖北周黑鸭公司维权底气不足。

事实上，"周黑鸭"初创者不仅早在2004年就在工商部门登记了企业字号，并于2005年5月30日向国家商标局提出了"周记黑鸭"和"周黑鸭"文字+图形商标注册申请（该商标已分别于2009年1月7日和4月7

日被国家商标局核准注册)。但因初入商海的周富裕并不懂得商标注册的专业知识,而当时委托的商标注册代理机构也对一些技术性因素考虑欠佳,按商标国际分类本应申请第29类(食品类),结果却申请了第35类(广告类),这样就造成了周黑鸭只能在广告宣传上拥有独享性和排他性,而在食品经营上无法叫停同行恶意竞争。

真正让湖北周黑鸭公司痛心的是,正值"周黑鸭"市场知名度大幅提升的2007年,"周黑鸭"第29类(食品类)文字商标却于当年5月8日被武汉一家并不从事卤制品生产经营,而老板也不姓周的餐饮企业蓄意抢先申请注册。

为了争得"周黑鸭"商标的专用权,也为了弥补最初因不懂《商标法》而造成的过失,湖北周黑鸭公司于2009年5月7日忍痛花重金从该企业手里购得商标转让权,2009年7月29日经国家商标局核准,第29类(食品类)周黑鸭文字及商标的使用权属,变更为归湖北周黑鸭公司所有。

维权艰辛　商标坚盾好护航

2008年,湖北周黑鸭公司开始求助武汉市工商行政管理部门公开打假维权。颇有意味的是,工商部门的执法依据是《反不正当竞争法》,而非《商标法》。据武汉新闻媒体披露:2008年10月至2009年1月底,武汉市工商部门共出动执法人员510人次,查处涉嫌假冒、仿冒"周黑鸭"等违规经营户47户,下达责令改正通知书37份,立案10起,暂扣违规财物价值10余万元,打假效果显著。

为了与假冒"周黑鸭"斗法,湖北周黑鸭公司确实花了不少的心思:

在专卖店张贴QS食品质量安全认证和ISO9001质量管理体系认证文件;在店内挂视频广告机,全天候播放湖北周黑鸭公司生产流程的宣传片;投入数百万元巨资打造ERP系统——实行会员卡联网管理,并在武汉市内出租车视频上频繁滚动广告"周黑鸭不能刷卡是假店";在报纸上刊登各区域"周黑鸭"直营店的详细地址;开设网络商城,利用公司官方网站进行在线直销;扩大"周黑鸭"商标注册类别;向国家知识产权局申报产品包装、标贴的外观设计专利,向湖北省版权局申报门店装潢设计的图形作品和产品宣传影视作品版权登记；……

2009年10月7日，周黑鸭第29类（食品类）图形商标被国家商标局获准注册。11月16日，湖北周黑鸭公司召开知识产权发布会宣布：该公司获得国家商标局颁发的"周黑鸭"《商标注册证》。湖北周黑鸭公司向与会的有关单位和新闻媒体代表出示了第29类及其他类别的多件"周黑鸭"《商标注册证》以及数十件《外观设计专利证书》《版权登记证书》。

然而，由于利益的驱动，加之"周黑鸭"品牌的市场影响力太大，山寨"周黑鸭"依然毫无顾忌，我行我素。

据《武汉晨报》披露，2009年12月11日下午，一家冒牌"周黑鸭"企业公然以杜撰的"武汉周黑鸭加盟连锁总部"名义，在武汉天安假日酒店内召开全国订货会。记者现场看到，室内悬挂有仿冒"周黑鸭"商标图案的食品袋和工作服。而陈列柜中一袋鸭翅的真空包装袋上也有明显的"周黑鸭"字样，只是用一行小字标注"武汉周雄鹰饮食文化传播有限公司"。据订货会组织者介绍：省会城市代理费为6万元，地级市代理费为4万元，县级市代理费为2万元。当天现场有来自全国各地的参会者约100人，签约的大约有10人。最后由于工商部门执法人员及时赶到，才终止了这场闹剧。

值得注意的是，这次工商部门对冒牌"周黑鸭"的干预，执法依据是《商标法》。武汉市工商局副局长苑治平说，湖北周黑鸭公司《商标注册证》的取得将进一步扩大"周黑鸭"品牌的维权领域和范围。

"以前打假，由于没有专用权，只能以《反不正当竞争法》处理冒牌者。"苑治平说，目前打击仿冒"周黑鸭"多采取查封、罚款等手段。而在取得注册商标后，打假将可以适用《商标法》，对于涉嫌违法犯罪人员，可移送司法机关处理。"周黑鸭"申请国家注册商标的成功，给武汉市企业树立了重视知识产权的典范，工商部门将一如既往地支持"周黑鸭"打假，为其发展保驾护航。

"李鬼"叫板　恶意异议设阻碍

毋庸讳言，在真假"周黑鸭"的博弈斗法中，"李鬼"们并非总是被动挨打，他们也有钻法规空子主动出击公开叫板的时候。

例如，有广州的张姓、云南的王姓自然人和武汉的某企业，先后在"周黑鸭"申请注册的商标正在公告期时提出异议，以"无厘头"的理由干扰和阻止"周黑鸭"商标获得正常核准。

按照司法解释，商标异议制度是指自然人、法人或者其他组织在法定期限内对经商标局初步审定并公告的商标提出反对意见，要求商标局对该商标不予核准注册的法律制度。该制度的积极意义是：保护商标在先注册人的利益，避免注册商标申请人获得不应得到的商标专用权。但是，在异议的依法实践中却出现了一种"恶意商标异议人"的现象。

"恶意商标异议人"是指提起商标异议的目的在于不正当地阻止在初审公告期内的商标获得注册的商标异议人，以及进而以此为要挟，向该商标持有人索取非法利益的商标异议人。由于我国《商标法》对商标异议人的主体资格没有任何限制，使恶意商标异议人有机可乘。恶意商标异议行为违反了诚实信用原则，对公平竞争秩序具有一定的破坏性，还会影响商标行政主管机关和司法机关的正常工作，浪费商标行政主管机关和司法机关宝贵的人力和物力资源，影响商标管理机关对正常的商标异议及时作出裁判。

"周黑鸭"原本是发蒙于武汉的汉产知名卤制熟食品牌，怎么能与远在广州、云南的张姓和王姓自然人搭得上界呢？其提出异议的目的不言自明。

为了维护诚实信用原则，保障地方重点企业正常经营，在广州张姓自然人异议"周黑鸭及图"和"周记黑鸭及图"商标的个案中，武汉市人民政府也及时向湖北周黑鸭公司伸出了援手，于2009年5月12日向国家工商总局商标局呈报了《武汉市人民政府关于提请加急审理湖北周黑鸭食品有限公司商标异议案的函》。此案很快得到了国家商标局公正裁定：异议人所提异议理由不成立，"周黑鸭及图"和"周记黑鸭及图"商标予以核准注册（见国家工商总局商标局〔2009〕商标异字第14415号和第14417号文件）。

俗话说，真的假不了，假的真不了。而偏偏"李鬼"们总是抱有侥幸心理，想试一试颠覆这句至理名言。我们再来看看武汉某企业的"周黑鸭"商标异议个案。

这家企业营业执照上成立的日期是2009年3月19日，法定代表人姓方，却十分青睐"周"姓。企业名称为：湖北××周黑鸭饮食文化管理有限责任公司（注：此处以"××"将原文字替代）。注册资本10万元。就是这样一家新成立的小企业，却非要与2004年就成立的，到2006年注册资本扩增至1000万元的正宗周黑鸭公司，在"周黑鸭"商标使用问题上公开叫板。

该企业向国家商标局提出的"周黑鸭"商标异议理由是，"周黑鸭"商标侵犯了他们企业名称中"周黑鸭"的商号使用权，"严重误导了消费者的判断"。同时，该企业还提供了众多荣誉证书作为企业知名度和美誉度的证据。

耐人寻味的是，在调查中发现，这家企业所提供的"中国知名品牌""全国重质量消费者满意品牌""全国质量、信用、服务AAA级企业""全国行业重质量知名企业"等荣誉证书竟然齐刷刷地都是在2009年3月同时由某一个社会团体颁发的，而这个时间竟然与这家企业营业执照发放日期同在一个月份。一家3月19日才正式成立的企业，其产品和服务能在短暂的几天内得到"众多荣誉"的光环，其中的"水分"就不挤而出了。事实上，这家山寨"周黑鸭"企业的前身叫"武汉×××科技有限公司"，其注册的经营住所与后来注册的湖北××周黑鸭饮食文化管理有限责任公司住所一致，法定代表人也都是方姓同名人。武汉×××科技有限公司直到2009年8月21日才被工商部门核准注销。

这家"李鬼"企业在网上打出"湖北武汉唯一做技术转让、唯一正规工商注册"的旗号，向全国招商加盟，蒙骗了许多单纯的加盟者。在百度贴吧输入"周黑鸭"，会显示出许多抱怨叫苦的帖子。其中有一个2010年1月8日18时40分挂出的帖子这样写道："我当初就是听信那姓方的慌（谎）言，2009年4月份加盟了那个××周黑鸭的。……现在我联系了好多以前一起学习的其他加盟商，他们告诉我都亏损而倒闭了，我的店现在也面临着关门了，并且工商还来说要罚款，说我冒用了周黑鸭的品牌……"还有一个2009年8月1日09时08分挂出的帖子这样说："……方总还叫我跟周黑鸭装修得一模一样，我都怕怕，不知道怎么办，装修太贵了，不换要怕周黑鸭打假。"这些都是"周黑鸭"商标的最终权属未定造成的投资者和消费者共同的伤痛。

目前,关于"周黑鸭"商标的异议案件正在国家商标局的审查受理程序中。相信公正的法律终会正本清源。

在处理商标异议的司法思考中,我国法律界人士指出:为遏止恶意商标异议人,还应实行英国和欧盟采用的商标异议补偿制度,即对采取不正当手段、恶意启动商标异议程序、滥用程序打击诚实守信的同业竞争对手的商标异议人予以严惩,如果恶意异议人在商标异议程序中败诉,行政当局或者法院均可决定败诉方向对方支付高额的费用。

商标保护　争创驰名显威严

在湖北周黑鸭公司召开的知识产权发布会上,公司董事长周富裕激动地对记者说:我们历经5年,终于争取到了这个"R"(注册商标标志)。

这份由中华人民共和国国家工商行政管理总局商标局局长李建昌签发的《商标注册证》注明:核定使用商品(第29类)死家禽、板鸭、鱼制食品、豆腐制品……;注册有效期限:自公元2009年10月07日至2019年10月06日止。

此后,湖北周黑鸭公司陆续收到已经国家商标局核准注册的第30类、第31类、第35类、第40类、第43类的"周黑鸭""周记黑鸭"文字、图形及文字+图形等共9件《商标注册证》。在多年与"李鬼"的博弈斗法中,湖北周黑鸭公司的商标知识产权法律保护意识越来越强烈。为了有效防御各路"李鬼"仿冒,湖北周黑鸭公司还分别在各类别申请注册了"周黑鸭;真好吃;WE ALL LOVE""真好吃;周黑鸭;WE ALL LOVE""我们都喜欢""欢乐你我她 就吃周黑鸭""好礼带回家 就送周黑鸭""周氏黑鸭""黑鸭周""黑鸭王""ZHY""zhou hei ya"等商标,共10大类51件。

然而,在商标知识产权保护的维权执行中往往会出现法律冲突。众所周知,商标专用权和企业名称权均是依照法定的程序获得确认的权利,分别受到有关商标和企业名称的法律、法规的保护。

在"周黑鸭"商标权益纷争的个案中,我们可以看到山寨"周黑鸭"与正宗"周黑鸭"的博弈伎俩,大多是以"企业名称权"来打"商标专用权"的擦边球。长期以来我国企业名称实行的是分级登记管理，只要登记人不属于同一行政区划就可使用完全相同的企业字号名称。从武汉市工商局注册分局了解到，仅在武汉市不同行政辖区工商所登记的带有"周黑鸭"字样的商户就达56家之多。因此以"周黑鸭"为字号的商户堂而皇之地打出"周黑鸭"的招牌便成了"名正言顺"。

有法律专家指出：在较长一段时期内，一些企业在经济利益的驱动下，不正当地利用商标专用权与企业名称权两种权利保护制度的缺陷，有意制造商标与商号的冲突，以致严重损害企业创建优秀品牌的积极性，现行法律制度的缺陷变成地方保护主义庇护一些侵权企业的护身符。

在解决商标专用权和企业名称权冲突的司法实践中，法律专家也指出了有效原则：①诚实信用原则，即不支持恶意注册或恶意登记；②保护在先权利的原则，即支持商标注册在先和企业名称登记在先；③禁止权利混淆的原则，即当两种权利的混淆使相对公众产生误认时，应优先支持具有商品信誉特征的商标专用权。

法律专家同时还告诫处于成长阶段的企业：企业在运用商标知识产权保护的法律武器时，还应该从企业自身的内功练起，做好商标含金量的升级，即由当地的市级知名商标升级到省级著名商标，再通过做强做大企业，做响品牌，争创国家驰名商标。

因为"驰名商标"是《巴黎公约》成员公认的，解决商标专用权纠纷的最有威严的、具有特殊法律保护意义的"国际标准"。只有获得"驰名商标"的认定才可以扩展商标权益人的保护范围。

根据相关规定，自驰名商标认定之日起，他人将与该驰名商标相同或相似的文字作为企业名称的一部分使用，且可能引起公众误认的，不予核准登记；已经登记的，驰名商标注册人可以自知道或者应当知道之日起两年内，请求工商行政管理机关予以撤销。

得道多助　诚信自能行远途

值得欣慰的是，湖北周黑鸭公司已经确立了争创驰名商标的品牌战略。打假不是目的，做强做大做长久的"百年品牌，走向世界"才是目标。

"周黑鸭"成功获得国家注册商标，成为湖北周黑鸭公司的新起点。

在 2009 年 11 月 16 日湖北周黑鸭公司召开的知识产权发布会上，武汉市委常委、副市长张学忙勉励"周黑鸭"创始人周富裕："水禽一直是武汉的优势资源，武汉有全国最优惠的水禽扶持政策，希望你把企业做大做强，将周黑鸭产品形成产业链，向肯德基、麦当劳等大企业看齐。"

对此，周富裕动情地说，作为从武汉成长起来的品牌，周黑鸭将为打造汉产知名品牌实现新的突破。周黑鸭下一步力争成为国家级农产品加工龙头企业，实现企业社会化发展。争取在 3 年内出口东南亚，实现 2015 年在国内 A 股上市的目标。

为了实施企业的愿景规划，湖北周黑鸭公司在商标知识产权境外保护方面也未雨绸缪，分别将"周黑鸭"商标在我国港澳台地区，以及马来西亚、新加坡、澳大利亚等国成功注册。同时，已经获得湖北省著名商标认定的"周黑鸭"商标，正在继续加大"周黑鸭"商标宣传力度，通过全国更多城市分公司和专卖店的建立进一步扩大宣传范围，积极争创国家驰名商标。

2009 年 8 月 4 日，武汉食品工业加工区与湖北周黑鸭公司正式签约，湖北周黑鸭公司将在加工区投资建设占地 80 亩、投资额近亿元人民币的周黑鸭食品生产基地。预计年加工能力将达到 8 万吨以上，整鸭深加工数量将达到每年 2000 万只，年产值在 20 亿元以上，可解决 4500 人就业。

2010 年，随着湖北周黑鸭公司企业规模的扩大，原有养殖基地已经无法满足原料供应的需求，湖北周黑鸭公司已拟在武汉"1+8 城市圈"内建设更大型的成鸭养殖基地，抢抓全省"亿只鸭"工程机遇，与各地农户结盟，以"公司+农户+基地"的经营模式，为养殖农户统一提供鸭苗、饲料和技术支持并保证成鸭回收的一条龙服务，真正让农户"零风险，净收益"。同时，湖北周黑鸭公司加快实施成鸭养殖基地的全国扩张战略，已在江西、湖南、山东、福建、广东、广西等地区开展了实质性的选址行动，届时，"周黑鸭"联盟体惠及的农户将达 10 万户以上。

而关于"周黑鸭"维权打假的工作，也进一步得到各级工商执法部门的高度重视。2010 年 1 月 29 日，湖北省工商行政管理局向全省各市、州、直辖市、林区工商局下发了"鄂工商公函（2010）4 号"《关于组织查处侵犯湖北周黑鸭食品有限公司合法权益等不正当竞争行为的通知》，要求结合当前正在开展的打击危害消费者安全集中执法行动，对卤制品市场进行一次全面清查，对侵犯周黑鸭知识产权行为进行核实查处。

"一直被模仿，无法被超越。"湖北周黑鸭公司一名员工这样自豪地说。

是的，任何模仿只能复制形式和表皮，而内在的灵魂是无法复制的。这个灵魂便是成功企业的深层次的精神思考。湖北周黑鸭公司的企业核心价值理念中有这样朴实的六个字，"先利人，后利己"。正是这六个字的核心价值理念的指引，"周黑鸭"才没有被众多的"李鬼"挤垮，才能够"一直被模仿，无法被超越"，才能够在真假"周黑鸭"的博弈斗法中永立不败之地。

经过多年的品牌价值积累和展示，我们欣喜地看到，在食品产业和农副产业经济利益链条中，"周黑鸭"不再仅仅是一个具有特别口味的熟卤制品代名词，而已经成为一个"兴市富农"的效益工程和希望工程。虽然在这项工程的建设进程中还会遇到这样和那样的波折，但是应该坚信，诚信自能行远途，利民终究利自身。

先利人者必得正道。得道者多助。有民心的支持，有政府的支持，有法律的护航，"周黑鸭"与"李鬼"们的斗法，最后一定会赢得一个更强健的机体，成为一个走得更远的"汉产卤制熟食"知名品牌。

（本文原载于2010年5月27日《中国工商报·商标世界》及2010年07期《中华商标》杂志）

麻塘名医誉天下

——咸宁市麻塘风湿病医院品牌发展传略

文/周　洞　夏海峰　万大茂　镇　治

咸宁市位于武汉南部80公里处，是湖北省的南大门。咸宁因"温泉之城""桂花之乡"而名动神州；咸宁还因专克风湿疑难病的麻塘名医而饮誉海内外。如果说温泉、桂花是咸宁的自然资源特色，那么，以"麻塘"为名的风湿疑难病救治则是中华医药文化奇葩。

"麻塘"是一个已撤销了的行政区域［原指咸宁市咸安区麻塘乡，2001年乡镇合并时撤销，并入现在咸宁市马桥镇。据1984年版《咸宁市地名志》载："相传很早以前，陈古（村，今吕家铺大队）有一口塘，因塘四周均栽有苎麻，故称麻塘，后来公社均因此得名"］，当地并无特产珍品，只因这里修建了一所专治风湿疾病的医院；只因这座医院的掌门人为百年祖传名医；只因从这里治愈的各类风湿疑难病患者遍及包括港、澳、台在内的全国各地以及美国、日本、意大利、新加坡、菲律宾、马来西亚、澳大利亚等国家。所以"风湿克星，鄂南一绝"的盛名与"麻塘"地名融在了一起，口口相传，愈传愈响。至今，"麻塘风湿病医院"已经成为祖国风湿疑难病诊治的必选去处之一。探秘"麻塘风湿病医院"品牌的前世今生，我们会感受到中华医药文化顽强的生命活力与旺盛的生命张力。

善缘得善果　小村生杏林

咸宁市麻塘风湿病医院历史悠久，极具传奇色彩。

清光绪年间，一位名叫寇世民的山东籍宫廷太医因参与维新变法而遭朝廷追杀，一路经山东至河南，最后逃到湖北咸宁地境的一个叫"镇通益"

的小村落。该村四面环山，松竹茂密，是一处隐居避难的好处所。还有一大好处是该村只有镇姓独族，没有异姓，加之族风淳厚，逃难隐匿的消息不会因口杂张扬出去。村里的一户忠厚善良的人家收留了这位落难者，户主名叫镇乃江。寇世民在这里一直安居了大半年，临走时镇乃江还拿出家里仅有的一点积蓄给他在路上做盘缠。寇世民无以相报，便将自己赖以立世的三个祖传中医秘方传授给了这家镇姓恩人。其中的一个就是后来被誉为治疗风湿疑难病圣灵妙药的"马钱子散"秘方。

马钱子，又名番木鳖、苦实，其形似铜钱，具有通络止痛、消肿散结之功效，主治风湿顽痹、麻木瘫痪、跌打损伤、痈疽肿痛、小儿麻痹后遗症、类风湿性关节炎等。据药籍载，马钱子有大毒，民间有"马前吃，马后死"之说，历来为医家所慎用。寇太医传授秘方时强调说，药的毒性是死的，全靠活人来把控，这把控的尺度便是秘方。所以，其药方组配的适宜分寸、成药炮制的恰到火候非一般凡医所能为。正是因为镇乃江所得马钱子秘方的玄妙，才使得后来镇氏一族荣兴医界，成为杏林世家。

一段善缘弘善道，一帧祖方传祖业。寇世民自辞别一去后便杳无音信。镇乃江则依靠秘方研制成的"马钱子散"开始了为四乡八邻乡民治病扶伤的悬壶生涯。从此，镇通益小村热闹起来；镇氏家族也以马钱子秘方为生计之本，代代相传，济民兴家。后来的镇氏医业，由第二代镇天荣，第三代镇海馀，第四代镇万雄、镇万林，第五代镇水清相继承袭，并一代更比一代业兴人旺。

麻塘跃蛟龙　镇氏孕扁鹊

山不在高，有仙则名。水不在深，有龙则灵。

从公元1898年开始，镇氏医业传承历经清末、民国和新中国，悬壶济世至今一百多年。其历史沿革如下：

第一代的镇乃江初涉医道，勤勉积学，以走方医为生，周游四乡八邻。

第二代的镇天荣因随父勤学，医业精湛，慕名前来的求医者众，便开始在家里设私人诊所，问切坐诊。

第三代的镇海馀人生经历最为坎坷，但他算是"麻塘"名医品牌的奠基人。

1916年出生的镇海馀，经历了新旧中国两个社会，也经历了"横扫封建""割资本主义尾巴"和"改革开放""振兴中医"两个时代。镇海馀深得祖医家传并读过私塾，是镇氏家族第一个能识字读典的文化人。他从小随父采药侍诊，耳濡目染，深记"夫医药为用，民命所系，其任重矣"这句医界警语。成年后结合行医实践，潜心钻研岐黄之术，并熟读活用典籍，对内、外、妇、儿等科心得颇深，尤对风湿、类风湿有极深造诣。更将家传秘方"马钱子散"灵机化裁，研创出治疗各种风湿、类风湿及痛风性关节炎、强直性脊柱炎、痿软瘫痪症等多种疑难顽症的良药，并提出了痹症从肾论治、运用"和法"治疗类风湿性关节炎的新观点。他敢于突破前人经验，不断开拓创新，探索出一系列治疗风湿病的新方法，使古老的药方焕发新的生命力，为数以百万计的患者解除了病痛。康复后的人们敬称他为"在世华佗""风湿病克星"，上榜首届鄂南十大名中医。

"天下事，人能事，我亦能事，非难事也；天下病，人能治，我亦能治，非难病也；只有能人所不能。"这是镇海馀积几十年心血形成的行医感悟而写下的条幅，并将其挂在书房里作为座右铭，以激励自己。

20世纪60年代以前，镇海馀一直以"镇海馀中医诊所"名义在家坐诊。"文化大革命"时，镇海馀诊所被当作"封建残余"横扫和"资本主义尾巴"割掉，私人诊所充归集体所有，1968年由英勇大队（现在的梨山村）接办，名曰"英勇大队保健室"。1976年1月，在公社行政决定下，保健室由镇通益小村迁到公社所在地麻塘曾家铺，改名为"麻塘公社茶场医务室"，后又升格变更为"麻塘公社医务室"，这便是咸宁市麻塘风湿病医院以"麻塘"为名的缘由。1984年，在全国首次提出"振兴中医"口号的时代大势下，加之借助当地拆社建区的行政区划改革东风，经镇海馀力倡，"咸宁市麻塘风湿专科医院"正式挂牌。据1984年《咸宁市地名志》载："此时的麻塘风湿专科医院共有职工21名，对治疗风湿、小儿麻痹后遗症等病有丰富经验，常有全国各地患者及港澳同胞慕名求医。"

"麻塘"作为普通的地名，因风湿病专科的名医所在而蜚声国内外。麻塘虽塘小水浅，却因腾跃出代代医海蛟龙，让中华优秀医药文化在这里得以传承弘扬。

镇海馀作为"麻塘"名医品牌的奠基人，在他行医布善的人生旅途中还有一大重要贡献，就是倾心培养了两个儿子——镇万雄和镇万林，并让他们作为祖医秘方和镇氏医业传人，挑起了"麻塘"品牌中兴的大梁。

镇海馀的这一举措，在当年麻塘风湿专科医院并非姓"镇"而姓"公"的时期，是需要超前眼光的。那时候，他有意将成年后的长子万雄、幼子万林带进医院，同室开坛坐诊，并用心良苦地以父子三人的名义对外宣传，共打"麻塘"名医品牌，他要趁自己尚未老迈退休之年，打响后继传人的名声。

我国民间有一个"扁鹊答魏文王问"的故事，说的是有一次魏文王召见扁鹊时问扁鹊："你们家兄弟三人，都精于医术，哪一位最好呢？"扁鹊答说："长兄最好，仲兄次之，我最差。"魏文王再问："那么为什么他们都没有名气而你最出名呢？"扁鹊作了详细的回答，大意是长兄、仲兄治病都是将患者的病情控制在将发或初起之时，知道的人较少，所以没有名气；而自己治病是治已病之躯，大家看得见，所以名气很响。这个故事传达的意思是，其实善治"未病"的扁鹊长兄、仲兄才是医道的最高境界，只因缺乏宣传，所以默默无闻。而扁鹊善医道又善宣传，便天下皆知。

通晓中华医史的镇海馀，从扁鹊盛名而其兄长默然无名的故事中感悟出一个道理：利剑不能藏在鞘中，要敢于亮锋芒。有实力，就要响亮地让别人知道。因此，镇老先生在把自己掌握并融入了自己研究心得的马钱子秘方，口传心授地教给了两个儿子后，敢于举贤不避亲地将镇氏医业后人推荐到医院的领导岗位。

第四代的镇万雄、镇万林兄弟，果然不负贤父厚望，共同担当起了中兴祖医的大任。他们先后在湖北中医学院（现更名为湖北中医药大学）学习深造，结束了镇氏医业无中医专业科班出身人才的历史。在兄弟俩分别担任麻塘风湿专科医院院长期间，大胆发展，创新进取，敢于举债投资搞硬件设施建设，相继修建了门诊大楼、住院部、制剂室、职工宿舍楼及GMP标准化的荣恩堂制药厂等，建筑面积达12000平方米，还购买添置了各类现代化临床诊疗设备，实现了乡村诊所向正规化、现代化医院转型的大步跨越。他们还对马钱子秘方大胆进行革新完善，使这一自古医家慎用的剧毒药物，在独特的炮制和配方下，具有了极强的活血祛瘀、通经止痛的特殊疗效。兄弟俩合力攻坚，精心研制了"马钱子风湿丸""马钱子鳖甲丸""马钱子木瓜丸""风湿痹痛丸""木瓜风湿丸""鳖甲风湿丸"等一系列特色制剂药品。

在镇氏医业第四代传人的任期内，他们还成功完成了医院的两次机制大转换。第一次是1993年9月，经咸宁市政府同意，医院由集体所有制单位转为全民制事业单位。随后在1999年10月，经湖北省卫生厅批准，又将原"咸宁市麻塘风湿专科医院"更名为内涵更准确的"咸宁市麻塘风湿病专科医院"。第二次是2006年6月10日，医院由全民制事业单位转为民营企业，百年老字号回归中医世家，让民营基因重显活力；同时，咸宁市麻塘风湿病专科医院删去"专科"二字，更名为外延范围更宽的"咸宁市麻塘风湿病医院"。

现在，咸宁市麻塘风湿病医院已经交由镇氏医业第五代传人、镇海馀先生的长孙镇水清执掌帅印。这位今年仅35岁的"镇氏少帅"，拥有扎实的医学专业功底和管理素养，于2000年湖北中医学院中西医结合本科毕业后，继续深造，相继辅修了同济医科大学药学本科、武汉大学行政管理专业硕士班、北京大学医院院长EMBA高级研修班。自2006年6月由父亲镇万雄手中接过医院管理工作以来，明确提出了"仁爱、敬业、继承、创新"的兴院理念，进一步加大建设投入、加快发展步伐，加速引进各类优秀人才，以崭新的现代医院形象大力彰显"麻塘"特色专科品牌。

咸宁市麻塘风湿病医院自1976年1月创院，至今已走过几十年风雨历程。多年来，经镇氏三代传人接力传薪，以马钱子祖医秘方为医道之本，以"荣兴恩德，济养苍生"为立业宗旨，苦攻医术、勤修医德，行医济世，累计接诊治疗各类风湿病患者达150余万人次，有效率达98%以上，让一个个被病魔折磨的风湿病患者重新过上了健康的生活。

走进咸宁市麻塘风湿病医院，治愈患者感恩致谢的锦旗挂满长廊，数以万计的求医求药信函装满专室组柜。全国各地乃至海外各国风湿病患者都是冲着"麻塘名医"的名声而来的。

"在世华佗""今世扁鹊""恩同再造""妙手回春""麻塘神医""风湿克星，鄂南一绝""风湿有专攻，绝技在麻塘"……一面面锦旗、一句句赞词，刻录着镇氏医业传人的善德功绩，见证着"麻塘"名医品牌的史册光芒。

镇氏医业几代传人共同敬业努力，让咸宁市麻塘风湿病医院成为行业中的佼佼者。在鄂南有基础、有特色、有优势，在湖北乃至全国有地位、有影响、有声望。先后被中国医院协会民营医院分会评为首批"全国诚信民营医院"、首批"全国优秀民营中医医院"。2009年，被国家卫生部、共青团中央授予"全国青年文明号"称号。而"镇氏风湿疗法及马钱子秘方"作为传统医药项目，于2009年分别被湖北省人民政府和咸宁市人民政府批准为"省级非物质文化遗产项目"和"市级非物质文化遗产项目"，并予以保护。"麻塘"文字注册商标从2002年至今，连续三届获得湖北省和咸宁市工商行政管理局授予的"湖北省著名商标"和"咸宁市知名商标"。

2010年5月4日，咸宁市麻塘风湿病医院现任院长镇水清，被中共湖北省委组织部、湖北省人力资源和社会保障厅、共青团湖北省委、湖北省青年联合会授予"湖北青年五四奖章"荣誉称号。

咸宁市麻塘风湿病医院的名医风采，先后被《人民日报》《经济日报》《健康报》《中国中医药报》《中医杂志》《半月谈》《香港文汇报》《湖北日报》《咸宁日报》《鄂南晚报》等媒体进行长篇报道，一所五代人百余年打造起来的品牌医院，声誉越来越响。

征途遭风袭　护牌斗"李鬼"

现实社会是一个趋利的社会，在商界但凡有品牌出了名，就会涌现傍名牌抢利的假冒之风。声誉日高的咸宁市麻塘风湿病医院也没有逃脱这个怪圈。就在镇氏医业的传人们埋头勤医、艰苦创业的发展征途中，社会上一些不法行医者打着"麻塘"的旗号欺骗不明底细的风湿病患者。

2004年，《鄂南晚报》专门就这一现象刊登了一篇《麻塘仅此一家，全国别无分号——麻塘风湿专科医院呼请读者打假》的报道。然而由于利益的驱动，"麻塘"的假冒者越来越多，并且行为越来越大胆、张狂，他们利用回扣手段雇请医托，公开在咸宁市火车站和长途汽车站，截拉前来咸宁市麻塘风湿病医院求医就诊的外地病患者和家属。

据2008年5月12日《鄂南晚报》刊登的《"麻塘风湿"遭遇"李鬼"

包围——记者暗访揭开医托坑客内幕》的文章披露:"这些患者大都在慕名前往我市著名的麻塘风湿病专科医院就诊途中被医托骗走,带到一些假冒的麻塘风湿专科,不但花费大量的金钱,还延误了病情,却因为这些假冒的小诊所既不开发票也不给病历,无法追讨损失。"

这篇记者调查文章指出:××风湿专科医院的招牌上,还有一行红色小字"麻塘迁来"的字样,室内四周的墙壁上挂满了锦旗,赠者来自全国各地。从悬挂的锦旗和医生白大褂上的文字以及宣传资料来看,这家诊所无时无刻不在标榜自己就是"麻塘风湿病医院",不知内情的患者看到这些东西,很难分辨真伪。在四天的暗访中,记者发现,几乎所有的车站都有医托。记者看到诊所给患者看病抓药的金额,基本没有一千元以下的处方,都是一千元到两千多元的,最贵的有八千多元的。事后记者得知,医托每次带一个患者来就诊可以得到 200~300 元不等的回扣,如果钱开少了,诊所就没有利润了。记者走访了 5 家假冒麻塘风湿病医院的诊所,每家都确诊身体健康的记者患有严重的风湿病,这样的结果让参与暗访的记者感到震惊,究竟有多少慕名前来的外地患者上当受骗了呢?

假冒"麻塘"商标品牌坑害患者、为己牟利的现象不只是在咸宁地区,仅在湖南、湖北两省假冒的医院或诊所就不下 200 余家。2008 年,有患者举报远在数百公里以外的鄂西宜昌也有假冒的"麻塘"风湿病诊所。宜昌市伍家岗区金平湖门诊部公开用"麻塘"商标名号对外接诊风湿病患者。对当事人沈某、李某的这一商标知识产权侵权行为,咸宁市麻塘风湿病医院法律顾问经过实地调查取证核实后,即在宜昌市中级人民法院状诉立案。至 2010 年 8 月 4 日,经宜昌市中级人民法院审理判决:侵权者在《三峡晚报》上刊登声明,以消除侵害原告咸宁市麻塘风湿病医院注册商标独占使用权所造成的影响,并连带赔偿原告咸宁市麻塘风湿病医院经济损失。对此案的公正判决,咸宁市麻塘风湿病医院院长镇水清亲赴宜昌当面致谢,赠送宜昌市中级人民法院一面上书"公正司法打击冒牌侵权;秉公执法护我合法权益"的锦旗。

为了多途径保护镇氏医业百年积淀的知识产权合法权益,咸宁市麻塘风湿病医院在 2000 年 11 月 21 日"麻塘"文字商标(第 42 类)被国家商标局核准注册使用后,又相继分别在其他相关商品类别注册了"镇海馀"

"镇万雄""镇氏""镇家""镇通益""麻塘镇氏""麻塘镇家""麻塘镇通益""荣兴堂""荣恩堂"等共 25 件商标，并均获得了国家商标局核准的《商标注册证》。另外，"麻塘"文字商标还在新加坡及我国香港、澳门、台湾等地区申请了当地注册。

与此同时，咸宁市麻塘风湿病医院进一步加大了在全国各媒体上的广告宣传力度，不断扩大和强化全国各地更多的人对"麻塘"名医品牌和镇氏医业及传人的认识和记忆。一方面是为了积极争创"麻塘"品牌国家驰名商标；另一方面是告知广大病友及家属识别真假，谨防上当受骗，从而保护病友的切身利益不受损害。

壮志绘宏图　扬帆向远行

1996 年，祖籍在苏州的患了 20 余年风湿病的美籍华人汪沛恩回国探亲，听说了湖北咸宁有专治风湿病的麻塘名医，便专程从苏州赶到咸宁寻访麻塘医院。据他自己介绍，在国外，他服用了多种抗风湿类药物，但均无好的效果。而在麻塘风湿专科医院治疗后，他只服用了一个疗程的镇氏中药，身体上的痛苦就解除了。他感叹万分："到底还是祖国的医药神奇，我们炎黄子孙真为此感到骄傲！"

的确，中华医药是中华民族的文明瑰宝。中华世代子孙五千年的繁衍生息，无不得益于中医药的健康呵护。咸宁市麻塘风湿病医院虽然地处南鄂，但它所肩负的是振兴民族文化遗产的责任，肩负的是继承与弘扬中医药普济民众的责任。

对于"责任"的理解，作为世代被中医药文化浸润滋养的镇氏医业的传人们可能更为深切，因为他们是中医药泽被世民的见证者，同时他们也是中医药创造价值的受益者。

他们不会中途止步、停滞不前，因此他们的眼光更远，发展目标更高。

于是，他们应和着时代的脉搏，从镇通益走到麻塘，今天又从麻塘走向更宽阔的天地。

2008 年 7 月 10 日，咸宁市麻塘风湿病医院由原咸安区麻塘曾家铺街 5 号整体乔迁至咸宁市城区桂乡大道 2 号（京珠高速咸宁北入口处），一座崭新形象的现代化医院矗立在宽敞的公路边。新医院门诊及医技综合大楼建筑面积2.3万平方米，门诊部、住院部、检测科、放射科、理疗室、B超室、心电图室等各类机构完善齐全；并拥有国内首台原装进口东芝多排螺旋CT、飞利浦超凡彩超、大型程控X光机、柯达850型CR、东芝TBA-120全自动生化分析仪、全自动血液分析仪等一大批世界先进水平的专业诊疗设备。传统的中医诊疗手段得到了完善和提高，同时可以接诊治疗与检测除风湿病以外的更多患者。在气派的门诊办公大楼后院，是一片景致优雅的处所，这里小桥傍雅亭，清池游群鱼，芳草依碧树，还有健身活动器材，住院或候诊的患者及家属可以在这里散步、休憩、放松身心、愉悦性情。

咸宁市麻塘风湿病医院走出麻塘，是为了让"麻塘"商标品牌更快、更强地走向全国。

2010年7月2日，咸宁市麻塘风湿病医院成功承办了全国有毒中药治疗风湿病高峰论坛暨全国有毒中药治疗风湿病研究进展学习班，还同时举行了"湖北中医药大学咸宁实习医院"揭牌庆典。这次盛会，标志着咸宁市麻塘风湿病医院已经从过去的乡村诊所，跨越到具有国家级学术研究实力的高专业素养的现代医院。标志着咸宁市麻塘风湿病医院有信心、有实力在传承弘扬中医药文化的创新实践中有更大的作为。

实际上，一直以来咸宁市麻塘风湿病医院不仅注重临床的实践活动，也十分重视中医理论的研讨和祖传医学的创新，通过多年的积累，在学术研讨上已取得了丰硕的成果。在各级学术杂志发表的学术论文达300余篇，并出版了《风湿病专家谈风湿病》一书。

翻开咸宁市麻塘风湿病医院的史传，人们可以看到一个世代执守中医药济世利民信念并依托中医药祖方普济苍生、广结善缘的杏林世家的价值风采。如果说，第一代镇乃江是镇氏医业的拓荒者，第二代镇天荣是镇氏医业的守成者，第三代镇海馀是镇氏医业的创牌者，第四代镇万雄、镇万林是镇氏医业的中兴者，那么第五代传人镇水清则是镇氏医业的光大者。

镇水清对咸宁市麻塘风湿病医院的未来发展目标壮志在胸：以"镇氏风湿疗法及马钱子秘方"为特色专科医院的核心竞争力，依托咸宁市麻塘风湿病医院有限公司和咸宁市荣恩堂药业有限公司两个医药经营实体，走集团化发展之路,将"麻塘"商标和"荣恩堂"商标品牌合力做大做强。

从 1976 年创院至今,咸宁市麻塘风湿病医院一路稳健走来,已经具备了品牌做大做强的实力基础。最近连续几年,咸宁市麻塘风湿病医院的年接诊量和医、药业务收入都一直位居全国同行前列。

2010 年 4 月,总投资 3500 万元的荣恩堂药业保健酒生产线破土动工,该项目是继咸宁市麻塘风湿病医院整体搬迁后的又一重要项目建设工程,主要生产独家研制的具有活血通络、延年益寿功效的国药准字号"鹿地益元酒"和健字号的"参茸花酒",项目建成后,预计年生产量可达 400 吨,产值可达 1 亿元,该项目建成将填补咸宁市药酒业空白,也是咸宁市麻塘风湿病医院向集团化、产业化发展迈出的重要一步。

未来是属于有志者的,远方也是属于有志者的。相信已走过百年历程的镇氏医业,在当代传人的承继与创新弘扬中,一定会走得更远并且薪火永续!

(本文原载于 2010 年 10 期《中华商标》杂志及 2010 年 10 月 28 日《中国工商报》B4 版)

红盾扬威　护航品牌

——湖北省咸宁市咸安区工商局贯彻落实新《商标法》工作纪实

文/夏海峰　李　捷　郭淑丽

2014年5月1日，修改后的《商标法》施行。湖北省咸宁市咸安区工商局以新《商标法》施行为契机，以"一手抓发展、一手抓监管"为指导思想，全面进行"四书五进"机制，以深入开展"双打"行动为抓手，认真贯彻落实新《商标法》，取得良好效果。

创新举措　广泛宣传

新《商标法》施行前后，咸安区工商局结合湖北省政府发布的《关于推进品牌强省建设的若干意见》，创新举措开展宣传活动。

该局抓住重要时间节点开展宣传，在2014年"3·15"国际消费者权益日和"4·26"世界知识产权日期间，采取发放宣传单、张贴标语、挂图、拉横幅和设置咨询服务台等多种形式宣传新《商标法》。

新法施行前后，咸安区工商局多次组织辖区企业及各工商所分管负责人、商标专管员学习新《商标法》，尤其重视学习与工商行政执法工作有关的内容。

新《商标法》中有关驰名商标不能用于商业广告的规定是此次修法的一个重点。咸安区工商局未雨绸缪，在新法施行前一个月，组织专人走访辖区内的澳森、巨宁、精华、麻塘四家驰名商标企业，介绍新《商标法》第十四条第五款、第五十三条等内容，提醒企业早做准备、开展自查。

咸宁麻塘风湿病医院是当地的"明星企业"，该院拥有麻塘、镇氏、镇家、镇通益和荣兴堂等 10 多件注册商标，其中麻塘商标于 2012 年被认定为驰名商标。之后，该医院围绕该驰名商标做了大量广告，极大地提升了自身影响力。

得知新《商标法》的规定后，该医院负责人一方面表示要加强自律、做守法表率，另一方面也表示医院的广告内容较多，涉及不少媒体，希望工商部门加强指导，帮助医院规范商标使用行为。

咸安区工商局干部在认真学习相关法律法规的基础上，重点对咸宁麻塘风湿病医院开展了商标使用指导，如核查户外广告、电视广告等，同时指导该企业清理已经签订的广告合同，及时修正已经制作发布的广告内容。最终该医院于 2014 年 5 月 1 日新《商标法》施行之前，将不符合要求的广告内容全部更换或清理完毕。

完善服务　做好指导

《商标法》修改的亮点之一是更加方便申请人，提高商标注册效率。咸安区工商局乘着新法施行的东风，加大服务力度，认真做好商标行政指导工作。

该局利用商标管理平台，深入企业调研，及时掌握企业商标的使用情况，从商标设计、注册申请、续展、转让等方面对企业及时跟踪指导，受到企业的欢迎。2014 年，该局辖区内市场主体共新申请注册商标 50 件，其中包括 13 件农副产品商标。

对于已经注册的商标，咸安区工商局把工作重点放在指导商标使用与管理上。该局委托相关机构对辖区企业已注册商标进行监测，在此过程中，发现有几十家企业的商标专用权即将期满。于是，该局通过手机短信、QQ 群等方式，提示美迪美等十几件商标持有人早做准备，及时做好商标续展工作。

为支持农业经济发展，促进农民增收致富，咸安区工商局积极开展"品牌富农"行动，大力提升农产品商标注册总量，建立商标发展培育储备库，实行商标申请注册分类指导。该局还组织工作专班深入全区各乡镇，对农业优势产品和特色产业进行走访调查，挑选发展条件好、具有浓郁地域特色的农产品进入地理标志商标发展培育储备库。目前该区已成功注册咸宁桂花等两件地理标志商标，今年又有白水畈萝卜、杨堡辣椒两件地理标志商标申请注册。

强力打假　指导维权

新《商标法》施行后，咸安区工商局加大了打击商标侵权力度。该区的澳森、柏尔雅等商标近年来在全国多地被侵权，咸安区工商局选派专人前往四川、河南等地开展打假维权工作，赢得了企业的好评。

2014年7月，中国黄金集团向咸安区工商局投诉，称有不法商家未经该公司许可，擅自使用该公司注册商标，侵犯了中国黄金集团注册商标专用权。该局执法人员经检查证实，咸安城区有两处黄金商品卖场未经中国黄金集团许可，在店面招牌、店内装饰、柜台招牌、黄金商品吊牌（合格证）上突出使用"中国黄金""老牌中国黄金CHINAGOLD"等字样，侵犯了中国黄金集团商标专用权。咸安区工商局责令上述当事人停止侵权行为并做出罚款的行政处罚。

据悉，新《商标法》施行以来，咸安区工商局共查处商标侵权案件18起，有力维护了商标权利人的合法权益。此外，该局还积极指导企业依法维权，让"傍名牌"者无机可乘，其指导咸宁麻塘风湿病医院成功撤销镇氏兄弟ZHENSHIXIONGDI及图商标便是典型的案例。

咸宁麻塘风湿病医院的创始人及历代掌门人都姓镇，除麻塘外，该医院长期使用的镇氏商标在风湿病医疗市场上也拥有较高知名度和影响力。于是，有些医疗机构打起了"傍名牌"的歪主意。据该医院商标维权档案记录，2000年前后，仅在湖南、湖北两地假冒该医院的医疗点就有200多家。

2012年4月12日，咸宁镇常恭风湿病专科门诊提交了镇氏兄弟ZHEN-SHIXIONGDI及图商标注册申请，2013年6月21日核准注册，核定使用在第44类医疗诊所服务等指定服务上。随后，该专科门诊大张旗鼓地对镇氏兄弟ZHENSHIXIONGDI及图商标进行广告宣传，一些专程到咸宁麻塘风湿病医院问诊的患者及家属被误导。

发现此情况后，咸宁麻塘风湿病医院负责人非常着急，立刻向咸安区工商局商广科求助。

医疗消费不同于其他消费，直接关系人民群众的身体健康。咸安区工商局局长杨洪对这起商标侵权案件高度重视，迅速与商广科负责同志赶到咸宁麻塘风湿病医院进行现场办公，部署维权工作。

在咸安区工商局商广科同志的指导下，咸宁麻塘风湿病医院于2014年5月4日向国家工商总局商标评审委员会提出对镇氏兄弟ZHENSHIXIONGDI及图商标无效宣告的请求。经审理，商评委于2015年年初裁定该争议商标在医疗诊所服务、医疗按摩、药剂师配药服务、保健站服务上无效。

（本文原载于2015年5月12日《中国工商报》第6版"监管专版"）

八千里茶路的复兴

——湖北省赤壁市注册地标推动茶产业发展记

文/夏海峰　李志强　姜　萍

赤壁市位于湖北省东南部,历史悠久,四海知名,震古烁今的三国赤壁之战就发生于此。明清时期,这里茶业鼎盛、商贸繁荣。据史料记载,极盛时期,仅羊楼洞镇就有茶庄200余家,年产销青砖茶2400万千克。羊楼洞—汉口—恰克图,八千里茶路,从17世纪末到20世纪初,繁荣了200多年。如今,赤壁青砖茶、赤壁米砖茶两件地理标志商标的成功注册,使赤壁市的茶产业站在了新的历史起点,八千里茶路迎来了复兴的曙光。

万里茶马古道起点的期待

提起茶的历史文化,大多数人会想到滇藏、川藏间的茶马古道。其实,还有一条堪比丝绸之路的真实而漫长的"万里茶马古道"——中俄古砖茶之路。它的起点,就是现在的湖北省赤壁市。

赤壁市气候温润,土壤肥沃,适合茶叶生长。其茶叶种植历史始于汉,兴于唐,盛于明清。该地区最负盛名的茶叶莫过于属六大茶类之黑茶类的青砖茶和米砖茶。其中,青砖茶以老青茶为原料,经筛分压制干燥制成;米砖茶参照青砖茶制造原理,以红茶片、末为原料经蒸压制成,二者皆是赤壁市的著名特产。

古往今来,赤壁青(米)砖茶一直作为特色边销茶远销新疆、甘肃、宁夏、西藏等地区及蒙古、俄罗斯等国家。中华人民共和国成立后的计划经济时期,赤壁青(米)砖茶一度作为特供物品限量供应。

改革开放后,在市场经济大潮的推动下,赤壁青(米)砖茶发展成为赤壁市的重要特色产业,茶叶生产加工区域涵盖赵李桥镇、新店镇、茶庵岭镇等 10 多个乡镇。然而,产地分散、品牌林立等因素制约了赤壁市茶产业的升级发展。2011 年,全市茶叶总产值却不足 3 亿元。相比之下,同为黑茶的云南普洱茶和湖南安化黑茶,却发展得风生水起,市场知名度与日俱增,产值达数十亿元。

面对这样的现实,赤壁市茶产业不得不将培育茶品牌、聚力闯市场作为首要任务。

地标助力产业腾飞

地理标志商标是标示某商品来源于某地区,并且该商品的特定质量、信誉或其他特征主要由该地区的自然因素或人文因素所决定的标志。通过申请地理标志商标,可以合理、充分地利用与保存自然资源、人文资源和地理遗产,有效地保护优质特色产品和促进特色行业发展。因而,注册茶叶类地理标志商标成为赤壁市在振兴茶产业道路上迈出的第一步。

2012 年,赤壁市工商局组建工作专班,负责赤壁青(米)砖茶地理标志商标申请注册事宜。但遗憾的是,茶叶商品类别上的赤壁文字商标已于 2009 年被福建省永泰县的一个自然人在先注册。

"地名+品名"是地理标志证明商标的核心内容。赤壁青(米)砖茶如果没有"赤壁"这个地名字号做标记,将无法注册地理标志商标。于是,转让该赤壁商标成为当务之急。

然而,转让商标谈何容易。虽然赤壁市工商局及该市茶叶协会工作人员多番与对方沟通协商,但由于在转让价格上存在分歧,双方一直没有达成协议,协商陷入僵局。正当赤壁方面一筹莫展的时候,有人发现该商标获准注册后多年未在茶叶商品上使用。因此,根据《商标法》相关规定,注册商标没有正当理由连续 3 年不使用的,任何单位或者个人可以向国家商标局提交撤销申请。

面对上述法律事实,赤壁商标持有人不得不答应降低商标转让价格。最终,该商标以 15 万元的价格转让给赤壁市茶叶协会。随后,该协会提交了赤壁青砖茶、赤壁米砖茶 2 件地理标志商标的注册申请，并获准注册。至此，赤壁市茶产业有了走向海内外大市场的金字招牌。

茶产业实现科学跨越式发展

为了抢抓机遇，推动赤壁市茶产业实现科学跨越式发展，赤壁市开湖北省茶产业管理服务之先河，于 2013 年 11 月将原赤壁市特产局更名为赤壁市茶产业发展局，使赤壁茶产业发展有了强有力的服务依托及管理"靠山"。

为维护赤壁市茶企的合法权益，赤壁市工商局执法人员远赴西藏开展打假工作，他们在拉萨、日喀则等地区配合当地工商部门检查砖茶销售门店 85 个，查获擅自使用赤壁市企业康桑商标的青砖茶仓库 2 个，扣押侵权产品 2507 件。

赤壁市工商局还指导茶企利用注册商标作为无形资产抵押贷款，或将注册商标作为股权开展企业间经营合作，有效地帮助茶企缓解了融资难题。截至目前，赤壁市茶企共新注册茶叶商标 47 件，这些商标聚集在赤壁青砖茶、赤壁米砖茶地理标志商标的旗帜下，共同形成赤壁市茶产业商标品牌大家族，合力驰骋于茶产业大市场。

赤壁青（米）砖茶地理标志商标的成功注册，为推动赤壁市茶产业发展发挥了重要作用。2014 年，赤壁市茶园总面积 12.3 万亩，茶叶总产量达 3.14 万吨，茶产业总产值达 6.8 亿元。

（本文原载于《中国工商报》2015 年 5 月 5 日第 6 版"地理标志与商标富农"专栏）

"互联网+"成就桂花大产业

——湖北省咸宁市咸安区工商局商标兴农工作纪实

文/夏海峰 陈本义 吴 剑

咸宁市位于湖北省东南部，这里桂花资源丰富，素有"香城泉都"之称。其桂花品种数量、古树数量、基地（种植）面积、鲜桂花产量、桂花品质5个主要资源指标均居于全国领先位置。近年来，乘着互联网的东风，注册了地理标志商标的咸宁桂花香气四溢，桂花产业不断发展壮大，"花经济"成为当地农民增收致富的重要途径。

咸宁市桂花栽培历史悠久，相传早在2300多年前，诗人屈原途经咸宁，写下了"莫桂酒兮椒浆"的诗句。如今，咸宁市所辖四县一市一区45个乡镇都分布有桂花，拥有金桂、银桂、丹桂、四季桂4大品种群近30个桂花品种。其中，咸安区是全国最大的桂花集中产地，被命名为"中国桂花之乡"。

然而，身处"桂花海洋"中的咸宁人，早些年并没有意识到可以通过打造咸宁桂花品牌来推动整个桂花产业的发展。直到2011年，咸安区商广科的同志去湖北省工商局参加业务培训，才认识到注册地标、创建品牌的重要性。

随后，咸安区工商局请示市政府协调林业、文化等部门，与工商部门共同组成咸宁桂花地理标志商标申请注册工作组。2012年1月，由咸宁市桂花协会申请注册的咸宁桂花地理标志商标获准注册。

咸宁桂花地理标志商标注册后，品牌效应迅速显现。鲜桂花的销售价格从每千克8元左右上涨到每千克18元左右，桂花树两年生小苗木的销售价格也从每株几角钱提高到每株一块多，桂花给咸宁人带来了实实在在的利益。

农民们算过这样一笔账，如果一亩地可以产出20万株桂花树小苗木，那么这亩地带来的年利润将高达20多万元。而将同样的土地用来种植稻谷，每年最高只能获利1500元。尝到了"桂花经济"的甜头后，咸宁的很多稻谷种植户纷纷改种桂花。

目前，在咸安区桂花镇，70%的农户都在种植桂花。"我家今年4万多株的桂花苗绝大部分已经卖完，有了这几年卖苗的收入，我准备给儿子买一辆10万元左右的小车。"桂花镇鸣水泉村村民吴汉民说。

为了帮助农民做好桂花鲜花、干花及苗木商品的营销推广工作，咸宁市桂花协会和桂花镇政府专门邀请百度公司人员来到桂花镇，为150余户桂花苗木种植大户制作了产品推广网页，并指导农民利用"互联网+"模式销售桂花产品。

据了解，咸安区目前已有300余户桂花种植户在淘宝网开设了店铺。借助网络，咸安区桂花产品直接对接全国市场，销量大幅攀升。2014年，该区桂花产品的销售额达2亿元。网络同时也给咸安区带来了苗木产业的整合发展，以前农户们难以接手的大订单，现在可以通过多家苗农合作完成。

在桂花镇柏墩街，村民顾明祥家门前堆满了各种桂花苗木。他表示，如今网络销苗已经成为热潮。"仅去年，我就在网上销售了66万株苗木，收入达50余万元。"顾明祥说，"苗木主要是自家产的，也有少数是帮别人代卖的。"

现在的桂花镇拥有中国邮政、顺丰、中通、圆通、申通等各类快递公司10余家，这在以前是没有的事。"一个乡镇聚集这么多的快递公司在全国是不多见的。"在中通快递公司上班的一个小伙子介绍说，"桂花镇这几年的桂花苗木销售特别火，许多苗木都是通过我们公司发的货，遇到销售旺季，我们根本忙不过来，晚上还要加班到十一二点。"

桂花镇的桂花苗木为什么如此受欢迎？该镇桂花种植大户何胜利解释说："这主要是因为我们桂花苗木的品种多，成活率高，品牌知名度大，正是出于对咸宁桂花品牌的信赖，各地的客户才点名购买我们的苗木。"

如今，桂花镇的桂花产业链又开始向乡村旅游、工艺品制作等领域延伸。"闻桂花香，尝农家菜，品原生态"等具有地方特色的旅游活动正通过互联网广泛传播出去，而利用桂花资源发展观赏盆景、桂花食品等产业也正在当地兴起。

"以前小打小闹的桂花买卖现在变成了闻名全国的桂花大产业，村民们忘不了当年在咸宁桂花地理标志商标申请注册工作中付出艰辛努力的工商干部！"咸宁市桂花协会负责人说。

（本文原载于 2015 年 6 月 9 日《中国工商报》第 6 版"地理标志与商标富农"专栏）

为地方资源兴农助力
"通城紫苏"地理标志证明商标申报成功

文/夏梦雯 周艳

2021年7月8日，通城县通城紫苏研究所负责人杜祖瑛，高兴地从通城县市场监督管理局局长吴刚毅手中接过了"通城紫苏"中国地理标志证明商标证书。她感叹地说："非常不容易！感谢县委县政府的关心和支持，感谢省知识产权局和市、县市场监督管理局、县农业局的同志4年来锲而不舍，用专业精神真诚为民办实事，你们无愧是市场主体贴心管家！"

杜祖瑛感叹，"通城紫苏"地理标志证明商标来之不易。故事要从2017年说起。

2017年10月，通城县通城紫苏研究所成立，为通城县农业局下辖"通城紫苏"公共品牌管理单位。业务职责包括为通城县紫苏种植户、通城紫苏酱加工企业提供技术支持，培育通城紫苏、通城紫苏酱商标品牌、服务与权益保护。

"通城紫苏"是湖北通城县具有原产地意义的自然资产和特色植物。县域内"江南天然药库"药姑山特定地缘，特殊的地理经纬度及光照、雨量、气温、土壤等综合因素，形成了"通城紫苏"区别于其他地域紫苏的独异品质。"通城紫苏"科属中最适合食用、口感最好的为叶面边沿齿尖像"鸡冠"状的紫苏品种，又名鸡冠紫苏。

"通城紫苏"野生面积大，遍布通城县隽水镇、石南镇、北港镇、五里镇、马港镇、关刀镇、麦市镇、塘湖镇、沙堆镇、大坪乡、四庄乡等九镇两乡。

紫苏在中国应用约有2000年的历史，主要用于药用、油用、香料、食用等方面，其叶（苏叶）、梗（苏梗）、果（苏子）均可入药，嫩叶可生食、做汤，茎叶可腌渍。明代的李时珍曾经记载："紫苏嫩时有叶，和蔬茹之，或盐及梅卤作菹食甚香，夏月作熟汤饮之。"

通城人有家庭食用和制作"紫苏酱"的传统。如今，通城县经过多年对当地紫苏原生产基地＋现代技术种植栽培及药材、食品加工，已经形成了较具规模的种植栽培、精加工、产品研发、市场扩展一条龙的产业化态势，增加了当地农民收入，开辟了一条散发着紫苏特异芳香的富民之路。

2017年1月4日，中央电视台《农广天地》专题推介了紫苏药食同源的营养价值和通城"三毛姐"紫苏酱的制作工艺方法。

为了切实保护好"通城紫苏"地标品牌，有效促进地方物产资源兴农富农和乡村振兴战略的实施，2018年2月，通城县通城紫苏研究所向原国家工商行政管理总局商标局提交了"通城紫苏"地理标志证明商标注册申请。

然而，商标申请之路并不顺利。因为多年前已经有国内某知名酒类企业抢先注册了"老通城"第31类商标。

我国现行的《商标法》规定：他人注册在先的近似名称商标不得注册。2018年9月、2019年6月、2019年10月，国家商标审查机构分别从不同的审查角度三次下发了"通城紫苏"商标审查意见书，要求商标申请人重新补充证据材料。

连续多次被要求补正，商标注册申请有被驳回的风险。通城县通城紫苏研究所及时向县市场监督管理局领导提出了专业帮助请求。

县市场监督管理局领导收到市场主体求助请求后，感到此事关乎通城县域经济发展和地方物产资源促进乡村振兴的政治责任。迅速拍板成立服务专班，并邀请湖北省地理标志产品企业联合会及湖北海峰知识产权代理有限公司专家参与，专门为"通城紫苏"地理标志证明商标注册申请受挫探寻解决良方。

功夫不负有心人。很快，服务专家团队从商标依法规范使用的历史记录中，找到了化解难题的突破口——他人注册在先的"老通城"商标有存在连续三年未使用的客观事实。

"老通城"商标字号本义为武汉汉口的一家老字号餐饮店铺名称，并不具备地域范围名称的词义意涵，且也没有地理物产的自然禀赋。从专业技术上讲，只是该企业为注册而注册的无实际使用需求的闲置商标。根据《商标法》第四十九条规定："注册商标没有正当理由连续三年不使用的，任何单位或者个人可以向商标局申请撤销该注册商标。"

于是，县市场监督管理局领导带着通城县人民政府《关于"通城紫苏"品质特征及原产地域范围说明的函》，亲率服务专班同志多次与知识产权部门认真沟通，并与"老通城"商标注册人据理力争。

2019年12月20日，国家知识产权局依据《商标法》第四十九条及《商标法实施条例》第六十六条、第六十七条的规定，作出了"关于第31类'老通城'注册商标连续三年不使用撤销申请的决定"。

2021年2月27日，国家知识产权局发布了通城县通城紫苏研究所申请的"通城紫苏"地理标志证明商标核准初审公告。2021年6月30日，国家知识产权局正式下发了通城县通城紫苏研究所申请的第31类紫苏（新鲜蔬菜）"通城紫苏"地理标志证明商标证书。

经历4个年头，过程复杂曲折的"通城紫苏"地理标志证明商标成功申请注册，至此画上了圆满的句号。

有了法律通行证，"通城紫苏"区域公共品牌，将为促进通城当地农特产业经济发展、兴农富农和乡村振兴，发挥积极的助力作用。

（本文原载于2021年7月8日《今日头条》）

名品有名好扬帆
游离于外地二十余年的"贺胜"鸡汤商标回家了

文/夏梦雯

2021年12月9日,咸宁市咸安区贺胜桥镇,举行了隆重的"贺胜鸡汤、贺胜桥鸡汤"注册商标回归仪式,同时还举办了"贺胜鸡汤产业发展论坛"活动,祝贺在外游离了20余年的"贺胜""贺胜桥"鸡汤商标,回到自己的鸡汤产业原属地。

闻香振食欲,落口悦味蕾。提起荆楚舌尖上的美味,"贺胜鸡汤"或"贺胜桥鸡汤",一定榜上有名。

贺胜桥镇贺胜村位于咸宁市咸安区,紧邻武汉市江夏区山坡街。贺胜桥镇建制已有数百年,老街北约150米处原有一单孔石桥(罐山桥),南宋度宗咸淳十年(1274年),各地"寇贼"蜂起,"里人"王晔聚众自卫抗击,得胜于该桥,故桥名贺胜,镇名亦由此而得。北伐战争中著名的贺胜桥之战(国民革命军叶挺部队击败吴佩孚部队),就在这里发生。

关于历史的故事,只留在书册上和存迹中。而关于美食的故事,却在现实中每天鲜活地发生着。

"贺胜鸡汤"(贺胜桥鸡汤)以鲜美扬名的秘诀,在于以当地农户散养的土母鸡为主料。这个品种的鸡叫桂花土鸡。生活在咸宁桂花之乡桂花林中的散养土鸡,喜爱奔跑,吃青草、蚯蚓和山上的草药以及落地的桂花,喝当地罗山的山泉水,肉质嫩香。长到三斤(1.5千克)左右的桂花土鸡,才可被选来煨汤,这个重量的桂花土鸡,生长六个月有余,肉质鲜嫩饱满,最适宜煨汤。汤底则取罗山的清纯微甘的山泉水,而辅料是由当地农户原生态种植的红薯加工而成的苕粉条。柔滑有弹性的苕粉条,完美中和鸡汤中的油分,使得汤肥而不腻,味鲜爽口。让味蕾持续停留在畅悦的美妙感觉上。

凡品尝过"贺胜鸡汤"（贺胜桥鸡汤）的食客，无不津津乐道，口口相传。

"贺胜鸡汤"（贺胜桥鸡汤）的餐饮店经营起步于我国改革开放之初的1982年，历经近40年的岁月沉淀，无疑已经成为咸安地方特色美食一张响亮的名片，同时也成就了一个兴农富农的特色产业。据统计，截至2020年5月，贺胜桥镇从事鸡汤生产销售的企业有8家（其中线上企业2家），个体工商户42家，全镇直接从事鸡汤生产销售的经营人员317人。

然而令人尴尬的是，尽管"贺胜鸡汤"（贺胜桥鸡汤）已由当初路边小吃店发展为融特色美食与历史底蕴、养生休闲于一体的中华鸡汤小镇，但从商标知识产权法律角度，"贺胜"及"贺胜桥"的商标专有权，却并不属于贺胜桥当地的市场主体所有。

早在20余年前，"贺胜"及"贺胜桥"这两件商标，已被市场有心人在先注册。注册商标商品分类第29类：鸡汤、肉汤浓缩汁、汤。注册申请核准时间为2000年7月14日。注册单位是地处武汉市的一家企业。在先注册人瞄准的就是"贺胜鸡汤"（贺胜桥鸡汤）的市场知名度。

"贺胜鸡汤"（贺胜桥鸡汤）是享誉荆楚的咸安地方名吃。但是由于"贺胜""贺胜桥"的商标知识产权旁落在外地商家手中，咸安区市场主体打出自己的"贺胜鸡汤"和"贺胜桥鸡汤"招牌，竟然存在涉嫌侵权风险，而咸安区花巨资兴建的中华"贺胜"鸡汤小镇，也显得名不正言不顺了。

从这个商标案例来看，市场竞争不仅仅是产品的竞争，更是商标品牌知识产权意识的竞争。谁走在先，谁就有主动权。

其实，当年获悉"贺胜"及"贺胜桥"商标被他人在先抢注信息的时候，贺胜桥当地的市场主体，也曾经多次与"贺胜"及"贺胜桥"商标持有人沟通，希望能够协商有偿转让，让"贺胜"及"贺胜桥"商标回归到自己的鸡汤产业原属地。但协商一直没有成功。

贺胜桥当地的鸡汤商品没有自己属地名称的商标字号，这是一件很尴尬的事情，对于当地鸡汤产业的发展，必然会形成品牌传播的"正名"阻碍。而鸡汤产业发展的阻碍，又必然制约当地养鸡产业的发展。

这件事引起了咸安区市场监管局领导的高度重视，特地邀请省内知名商标知识产权专家，从商标法律专业角度，共同调研和分析"贺胜"及"贺胜桥"商标回归原属地的解决方案。

经过不懈的努力沟通，终于在 2021 年 7 月底与"贺胜"及"贺胜桥"商标在先注册人达成了转让协议，并依照法律程序办理了转让手续。商标转让给隶属于贺胜桥镇政府的咸安区贺胜桥镇综合文化服务中心。

可喜可贺，"贺胜"及"贺胜桥"商标回家了。

（本文原载于 2021 年 12 月 9 日《今日头条》）

案例说法：
"樱花"商标权属诉争引发的思考

文/夏梦雯

樱花，是春天自然界的尤物。盛开时节粉白如云团，嫣红似霞彩，满树烂漫，艳丽壮观。"小园新种红樱树，闲绕花枝便当游。"这是唐朝诗人白居易的一篇赏樱花感赋。在中国，自古以来，阳春三月少不了踏青赏樱花的议程。说起中国赏樱花的最佳景观城市，分别有武汉、青岛、西安、旅顺、昆明等地。这说明，樱花之美不在独处，而在四方。

但在经济生活的市场行为中，樱花的商标符号却成为权属争夺的法律纠纷。

江城之子创业路　寄情樱花拓市场

1995年，在长江岸边长大的武汉青年李杰南下广东打工，前期一直在家电领域从事一线品牌的技术服务及销售工作。由于天资聪慧和工作勤奋，到了2000年，经过5年市场磨砺的李杰，已经由打工仔升职为好几个省的技术总监兼销售经理。

打工挖到了第一桶金后，李杰开始自己回乡创业，成立了武汉樱花家电有限公司。在广东改革开放前沿阵地打拼过的人，也最先受到了品牌价值理念的熏陶。所以，他一开始就斥680万元巨资，租赁了香港樱花（亚洲）有限公司在国家商标局注册（注册号1721892）的核定使用商品（第7类）空气压缩泵、洗衣机的"SAKURA樱花"商标，进行洗衣机产品的生产销售。

2002年，武汉樱花家电公司收购了樱花（亚洲）公司在武汉注册的企业，并于 2004 年完成了"SAKURA 樱花"注册商标转让变更手续。至此，武汉樱花家电公司开始市场发力，产品线延伸到"SAKURA 樱花"品牌的全自动洗衣机、滚筒洗衣机、脱水机、双桶洗衣机、冰箱、冷柜、厨房冷冻柜、冰吧、制冰机、豆浆机、榨汁机、搅拌机、洗碗机、原汁机、和面机及厨房用电动产品等多种品类。

深谙市场营销之道的李杰，在市场布局上，不在家电大品牌占据的一线城市抢蛋糕，而是采用农村包围城市的策略，埋头深耕国内的二、三、四线市场，以点带面拓展自己的市场份额，在全国 20 多个省市先后设立了代理销售机构，每年销售上百万台产品。"樱花"洗衣机、冰箱产品品牌，2009 年、2010 年，连续两年入选财政部、商务部核定的全国家电下乡中标品牌，并相继被武汉市、湖北省认定为著名商标。2016 年，"SAKURA 樱花"洗衣机类商标，被国家商标局行政认定为中国驰名商标。

樱花权属起诉争　攻防较量十七年

作为经营实体，李杰掌门的企业，经历了"武汉樱花电器公司""武汉东洋樱花电器公司""武汉樱花时代白色家电公司"的多次更名，其产品的研发与产销最终聚焦到白色家电。"樱花"商标品牌，便是全国白色家电产品的武汉符号。

然而，正当武汉樱花时代白色家电公司信心满满地规划未来发展蓝图的时候，关于樱花商标权属的诉争烽烟突起。

2005 年，江苏一家也持有樱花商标的企业（本文特以江苏樱花指代），以核定使用商品（第 7 类）"樱花"注册商标，存在与该企业持有的在先注册的"樱花"商标近似为由，向国家商标局提出异议。

为了维护自身的知识产权合法权益，武汉樱花时代白色家电公司积极应诉答辩。在大量事实证据和相关法规法条面前，国家商标局依法不予支持江苏某企业的异议申请。

但异议提出方虽理屈却不服输，相继提出复审和司法诉争，诉争程序涉及国家商标局、国家商标评审委员会、北京知识产权局、北京市第一中级人民法院、北京市高级人民法院、武汉市中级人民法院、湖北省高级人民法院，行政裁定结果一波三折。直到 2020 年，最后还是以武汉樱花时代白色家电公司胜诉告终。

至此，江苏樱花改换商标诉争策略，转而对武汉樱花时代白色家电公司被核定使用商品（第 11 类）多件"樱花"注册商标，向国家商标局提出无效宣告的申请。

而对方最具杀伤力的重器是，该企业的第 11 类"樱花"商标被认定为驰名商标。

樱花商标诉争的胜负结局，开始变得不确定起来。

冰火原本两重天　商品属性存差异

商标的诉争应依法解决。判定商标是否构成近似，首先应认定指定使用的商品或服务，是否属于同一种或者类似商品或服务。具体来说，要看在商品分类的类似群组中是否存在重叠和关联。

在《类似商品和服务区分表》中，第 11 类的商品类别中共有 13 个群组。

武汉樱花时代白色家电公司核定注册的第 11 类"樱花"商标，选定的是 1105 群组，指定商品范围：水冷却装置；冷冻设备和机器；冷藏室（库）；制冰机和设备；冷冻设备和装置；冷却设备和装置；冷藏展示柜；制冰淇淋机；冰箱除味器；冰柜等。

而江苏樱花无效宣告所引证的第 11 类商标，选定的分别是 1104、1106、1108、1109 群组，指定商品范围：排油烟机；炉具；保暖器；厨房炉灶；热水器；烤箱；排油烟机；水龙头；抽水马桶；淋浴器；洗手盆（卫生间用）；浴缸等。

从商品的属性角度看，武汉樱花商标指定的商品属于制冷、冷藏设备类别。而江苏樱花商标指定的商品属于民用电气加热设备类别。

一组是制冷系列商品，另一组是供热系列商品。冰火两重天，不同群组的商品属性差异明显。在商品的功能用途、生产部门、销售渠道、消费群体诸方面，二者都没有重叠性和关联性，也不会引起消费者混淆误认。

然而，这一次的樱花第 11 类注册商标的诉争，尽管商品属性冰火不相容,但江苏樱花手中握有"驰名商标"跨类保护的撒手锏,气势夺人。

稳定经济是要义　异议裁定应慎重

在商标法规的实施中,对于驰名商标的保护范围实行"跨类保护"。但需要说明的是,"跨类保护"的含义是"跨类似商品保护",而不是"跨商品类别保护"。

事实上,驰名商标"跨类保护"是否包含了所有领域,现行法律对此没有明确的界定。从立法本意来讲,对跨类保护应有所限制,适度保护,应以是否足以引起消费者对商品的提供者和服务的来源产生混淆、误认或产生某种联想为判断依据,不能涵盖所有的领域。

从法理的角度来看,商标法的立法宗旨,强调商标确权管理是为了达到"保障消费者和生产、经营者的利益,促进社会主义市场经济的发展"的目的。

《商标法》第一条开宗明义规定:"为了加强商标管理,保护商标专用权,促使生产、经营者保证商品和服务质量,维护商标信誉,以保障消费者和生产、经营者的利益,促进社会主义市场经济的发展,特制定本法。"

我国商标法对于商标的确权原则,是既尊重商标在先注册,同时也尊重商标在先使用。在商标的确权事务中,某件商标使用持续时间不少于五年,且广告投入量、市场知名度、销售收入及利税效益达到一定标准,未注册商标被认定为驰名商标的实际案例并不鲜见。

武汉樱花的洗衣机、冰箱系列产品,经过市场十多年的质量信誉积淀,已经在国内相关消费群体中形成了客观上的品牌认可,并获得过湖北省和武汉市著名商标认定,其中洗衣机类樱花商标获得驰名商标认定。

有商标界专家认为:"促进社会主义市场经济的发展,是商标法制定的总的目的、基本目的,也是商标法中一系列法律规范所要体现的总的原则。从商标法律制度的建立、健全,商标的基本标准和注册条件,商标专用权的取得和保护,商标管理秩序所遵循的规则,对商标违法犯罪行为的惩治等各方面来看,都必须是以促进社会主义市场经济的发展为出发点,体现社会主义市场经济发展的要求。"

从这段论述来看，如果武汉樱花冰箱类的商标权属被异议宣告无效，就等于属于樱花商标品牌的冰箱市场随之消亡。这也就意味着每年十几亿元的销售收入和数千万元的利税将被清零，另外还有数百名企业员工面临失业。这样的结局，与商标法的立法原则是相背离的。

商标界专家还认为，国家相关行政执法部门在审理驰名商标异议诉争案件中，应根据个案情况，考虑被异议商标在市场上实际使用的时间年限，实际存在的市场知名度，商标在所属商品类别的区隔性等因素，在案件中作出合理判断和正确裁定，不能将驰名商标变成无原则的全类保护。

从充分的事实证据上来看，注册在第11类制冷系列商品的武汉樱花商标，在市场上使用时间最早，持续使用时间最长，市场知名度最高，消费者知晓度最广。对待这样一种客观存在的商标现象，国家相关行政执法部门在异议裁定执行中，应当持慎重态度。

虽然截至目前，第11类制冷商品的"樱花"注册商标权属诉争案还在双方攻防对垒之中，最后的胜负结局也不可预料。

但是，"樱花"商标权属诉争的个案所引发的思考是有着现实意义的。

（本文原载于2022年6月18日《今日头条》，分别被新华通讯社客户端、央视财经客户端、荆楚日报网、荆楚新闻网、湖北经济新闻网等十多家官方媒体转发。另：本文节选版《"樱花"商标权属起诉争》于2022年6月17日在中国市场监管局新闻网上发表）

案例说法：
"万岁泉"与"万行泉"商标诉争谁是终局赢家

文/周 涧 夏梦雯

2022年10月29日，国家知识产权局下发了《关于第8257090号第32类"万行泉"注册商标连续三年不使用撤销申请的决定》。至此，一场历时5年多的"万岁泉"与"万行泉"商标近似侵权诉争个案有了新的转机。

而这件商标诉争个案的"案中案"，也即将迎来终局。

事出有因，"万岁泉"商标遭无效宣告请求

从2021年开始，深圳某公司对湖北食为天药业股份有限公司第28335277号"万岁泉"（第32类）注册商标，向国家知识产权局分别提出异议和无效宣告请求。其主要理由之一是："万岁泉"商标名称与该公司在先注册的"万行泉"及其他关联商标，在文字构成、识读发音、视觉效果等方面相近，已构成近似商标，易导致相关公众对商品来源产生误认，损害该公司在先商标权益。国家知识产权局受理本案后，作出了"万岁泉"商标无效宣告的裁定。

为此，湖北食为天公司对上述商标无效宣告请求裁定不服，遂向北京知识产权法院提起行政诉讼。

名有缘由，罗田当地有一条"万岁泉河"

湖北省黄冈市罗田县位于中国革命老区大别山南麓，地理坐标处于神奇的北纬30°，这里物产丰饶，集国家天然植物库、国家地质公园遗产保护

区、国家级自然保护区、国家级森林公园为一域。

万岁泉河，是当地一条自然河流的名称，亦称长河，位于罗田县明代著名医学家万密斋的故乡大河岸镇。万密斋作为"鄂东四大名医"之一，是在明代鄂东乃至湖北与"药圣"李时珍齐名的"医圣"。当地流传有万密斋曾于家乡万岁泉河边，汲水熬制治疗疫疾汤药的传说。

2002年，罗田县食为天食品饮料有限责任公司成立，后更名为湖北食为天药业科技有限公司，2015年再次更名为湖北食为天药业股份有限公司（以下简称食为天公司）。食为天公司秉承"医圣"万密斋"人寿天年，养生为要"的健康理念，以当地独有的地理名称素材选择了"万岁泉"作为饮品商标字号，并于2019年获准国家商标注册。注册类别为第32类，指定使用在：果汁；植物饮料；水（饮料）；矿泉水（饮料）；奶茶（非奶为主）；汽水；无酒精果汁；纯净水（饮料）；橙味植物饮料；乌梅浓汁（饮料）等商品上。

商标为帜，食为天公司成为家乡骄傲

食为天公司早在2003年"非典"疫情暴发的3月份，就以鄂东大别山原产地的国家地理标志保护产品，清热解毒的野生药材"罗田金银花"为原料，开发山原生态草本植物饮料——"万岁泉"牌金银花露，成为全国第一个把金银花开发成保健饮品的企业。

"万岁泉"牌金银花露以产品质量和商标品牌信誉赢得市场的青睐，远销上海、浙江、福建、湖南、湖北、广东、广西、云南、海南、江西、安徽等华中、华东、华南区域；北方区域于2007年前后，通过深圳市海王星辰医药连锁有限公司辐射到了天津、石家庄、大连、青岛、廊坊等地；并于2006年在深圳沃尔玛南方总仓贴牌销售。网络渠道曾获得同行业京东平台销售五连冠的骄人业绩。

2008年至2018年，"万岁泉"牌金银花露连续四届荣获"湖北名牌产品"称号。

2011年，食为天公司荣获"湖北省农业产业化重点龙头企业"称号。

2013年，食为天公司被评为湖北省高新技术企业。

2014年,"万岁泉"商标被认定为湖北省著名商标。同年,食为天公司入选"美丽湖北一县一品"首批示范企业(品牌)。

2015年,食为天公司在武汉股权托管交易中心挂牌上市。

2016年,食为天公司荣获"黄冈市农业产业化经作行业五强龙头企业"称号。

2018年,"万岁泉"牌金银花露荣获"黄冈地标优品"称号。

2020年,食为天公司投资建设万岁泉金银花药食基地产业园项目"万岁泉金银花小镇"。

创业20年,今天的食为天公司已经发展为拥有国内先进的全自动生产线和3000亩金银花种植基地,是同行业中规模较大的集种植、生产、销售为一体、一、二、三产业融合发展的企业。

侵权诉争,无厘头的案由十分牵强

《商标法》第三十一条规定:"两个或者两个以上的商标注册申请人,在同一种商品或者类似商品上,以相同或者近似的商标申请注册的,初步审定并公告申请在先的商标;同一天申请的,初步审定并公告使用在先的商标,驳回其他人的申请,不予公告。"

《商标法》第四十四条第一款规定:"以欺骗手段或者其他不正当手段取得注册的,由商标局宣告该注册商标无效。"

以本个案为例:

上述第一个法条,关于"近似商标"辨析:

"万岁泉"与"万行泉",虽然同音、同形、同义的文字分别有"万"和"泉"。但是这两个词组中间的"岁"(suì)与"行"(háng),却既不同音也不同形更不同义。

"岁"在汉语词义中主要指代年轮,而"行"在汉语词义中主要指代排列。"岁"的词义属于虚拟化的认知概念,而"行"的词义则属于可视性的显示状态。

二者差异明显。任何人都不可能将"岁"与"行"混为一谈。比如人们可以说"百岁寿星",却绝对不会说"百行寿星";也可以说"一行文字",却绝对不会说"一岁文字";等等。

商标的识别判断的第一要素是"显著性"。根据《最高人民法院关于审理商标授权确权行政案件若干问题的规定》(商标授权确权司法解释)第七条规定:"人民法院审查诉争商标是否具有显著特征,应当根据商标所指定使用商品的相关公众的通常认识,判断该商标整体上是否具有显著特征。商标标志中含有描述性要素,但不影响其整体具有显著特征的;或者描述性标志以独特方式加以表现,相关公众能够以其识别商品来源的,应当认定其具有显著特征。"

因此,鉴于"岁"与"行"的音、形、义的显著区别,"万岁泉"与"万行泉"在整体文字识别上,不存在商标近似之说。

上述第二个法条,关于"以欺骗手段"辨析:

虽然"万岁泉"商标在2017年12月26日才申请注册,2019年9月21日获得商标注册核准。但是食为天公司自2005年开始,就是以"万岁泉"为未注册商标,在生产和销售"金银花露"饮料商品上进行使用。

因此在行为上,首先食为天公司申请"万岁泉"商标注册是以使用为目的,不存在欺骗的主观故意;其次"万岁泉"名称源于罗田古今存在的地理名称素材,有客观依据,名正言顺。

从2005年开始,食为天公司就在自己生产的"金银花露"饮料商品上,以"万岁泉"商标在市场上宣传推广。直至2017年"万行泉"商标持有人提出诉争之时,"万岁泉"商标品牌已经在全国市场上传播了整整12个年头,并在商标持续使用中积累了较高的市场知名度与品牌影响力。

美国联邦最高法院百年前就有一句名言:"对特定商标的权利来源于对它的使用。"

知识产权专家认为:商标保护的实质是对使用行为所凝集商誉的保护。

然而令人遗憾的是,"万岁泉"商标仍被裁定为无效。

峰回路转,专家出手为诉争纠葛解套

《商标法》第四十四条第二款规定:"商标局做出宣告注册商标无效的决定,应当书面通知当事人。当事人对商标局的决定不服的,可以自收到

通知之日起十五日内向商标评审委员会申请复审。商标评审委员会应当自收到申请之日起九个月内做出决定,并书面通知当事人。有特殊情况需要延长的,经国务院工商行政管理部门批准,可以延长三个月。当事人对商标评审委员会的决定不服的,可以自收到通知之日起三十日内向人民法院起诉。"

食为天公司收到国家知识产权局"万岁泉"注册商标无效宣告裁定书之后,委托知识产权专家积极谋划应对策略。

天无绝人之路。

知识产权专家团队对"万岁泉"个案进行了认真分析,并对"万行泉"商标持有人的市场行为证据进行详尽搜集。意外发现了对方提出的"异议"和"无效"请求,竟然属于商标诉讼"碰瓷"行为——深圳某公司于2011年5月获准注册的"万行泉"商标,一直处于闲置状态没有投入市场使用,属于"僵尸"商标。

《商标法》第四十九条第二款规定:"注册商标成为其核定使用的商品的通用名称或者没有正当理由连续三年不使用的,任何单位或者个人可以向商标局申请撤销该注册商标。"

于是,2022年3月,食为天公司以无正当理由连续三年不使用为由,依法向国家知识产权局提出撤销深圳某公司第32类"万行泉"商标在"啤酒"等全部核定使用商品上的注册。

深圳某公司在指定期限内,未向国家知识产权局提交其使用第8257090号第32类"万行泉"商标的证据材料。根据《商标法》第四十九条及《商标法实施条例》第六十六条、第六十七条的规定,国知局决定:撤销第8257090号第32类"万行泉"商标,原第8257090号《商标注册证》作废,并予公告。该《决定》发文日期为2022年10月29日。

初战告捷,"万岁泉"商标力求诉争完胜收官

其实,就"万岁泉"与"万行泉"商标诉争个案而言,尚存在着"案中案"的纠葛悬疑。深圳某公司手中还握有一张第32类"百岁山"驰名商标的"王牌"。

《商标法》第十三条规定:"为相关公众所熟知的商标,持有人认为其权利受到侵害时,可以依照本法规定请求驰名商标保护。……就不相同或者不相类似商品申请注册的商标是复制、摹仿或者翻译他人已经在中国注册的驰名商标,误导公众,致使该驰名商标注册人的利益可能受到损害的,不予注册并禁止使用。"

从诉讼技术性角度看,深圳某公司的"万行泉"商标诉争"万岁泉"商标,是企图借助"百岁山"驰名商标的名誉加持,以形成气势上的压力。

关于驰名商标的保护问题,在《商标法》第十三条规定中,已经明确了保护要件:其一是"不相同或者不相类似商品",其二是"复制、摹仿或者翻译"。

而这两个要件,在本个案中均不存在。

首先,"百岁山"商标注册类别为第32类(3202、3203),"万岁泉"商标注册类别同为第32类(3202),不存在该法条中规定的"不相同或者不相类似商品"要件。

其次,"百岁山"商标名称与"万岁泉"商标名称也大相径庭,词性上的音、形、义迥然不同。"百"与"万"不是一个数量级,"山"与"泉"也不是同一象征,"山"是高耸的土层,"泉"是涓细的水流。任何人都不会认为"山"与"泉"构成"复制、摹仿或者翻译"。

或许也正是因为深圳某公司自我感觉底气不足,心知肚明"百岁山"驰名商标并不具有无效"万岁泉"商标的充足理由,所以刻意附加了更具有近似形态的"万行泉"商标,作为提诉案由的"技术辅助"。

可谁知人算不如天算,引火反烧自身。深圳某公司的商标"碰瓷"行为,竟然搬起石头砸了自己的脚。白白葬送了一枚好名号的"万行泉"注册商标,同时也废弃了自己的一份存量知识产权。

随着"万行泉"注册商标被依法"撤三"作废,深圳某公司提出的"万岁泉"商标无效宣告请求,自然就缺少了"商标近似"的对标参照,而仅靠案由更加牵强的"百岁山"商标(三个字中只有一个"岁"相同)的单一力量,在后续的司法诉讼程序中更加难以获得司法支持。

商标是严肃的法律概念。"法理"一体,法律不支持无理取闹,更不支持恶意碰瓷。

从知识产权维权意义上看,"万行泉"商标被依法"撤三",意味着食为天公司"万岁泉"商标依法维权的初战告捷;同时也意味着历时 5 年多的"万岁泉"与"万行泉"商标近似侵权诉争个案有了新的转机。

目前,食为天公司商标维权诉讼尚在行政司法程序进行中,深圳某公司"万行泉"商标被"撤三"的事实,必定会为"万岁泉"商标的维权增加胜算。

(本文原载于 2022 年 11 月 19 日《今日头条》)

后　记

商标问题，是市场主体在经营活动中绕不过的问题。

撰写《商标实用策略》，缘于作者的职业与业务，每天都要与商标问题打交道。

曾感慨于湖北省楚商联合会副会长、武汉樱花时代白色家电公司董事长李杰先生的一句话。他说，创业20多年来经营上的事情，再苦再累我都熬得过去，但是在我们"樱花"商标的维权纠纷交锋中，我却身心俱疲！

书到用时方恨少，事非经过不知难。李杰先生的无奈之语，可能也道出了许多企业掌门人同样的心声。

事实上，每一位涉及商标问题的市场主体负责人，都存在着一种主观幻想和内心焦虑。申请商标注册的，急迫希望顺利通过审查核准；商标申请被驳回的，急迫希望找到可解决问题的变通之道；注册商标被他人提出异议的，急迫希望能够妥善地处理诉争纠纷；注册商标被他人使用侵权的，急迫希望通过法律程序实效性地收获维权结果。

凡此种种，皆是因为对商标的法律知识不太了解，或者一知半解。因此，对于正在创业或准备创业的人们来说，一本通俗易懂的商标实用知识的书籍会给大家以思路的指导，使创业者们在商标问题上，既消除一蹴而就的幻想，更消除疲于应对的焦虑。

商标是一个法律体系。知法才懂法，懂法心就宽。

商标又是一个专业体系。其流程、步骤都要循规蹈矩；其环节、细节必须严谨实在。

关于商标问题，其实网络上的内容汗牛充栋，非常丰富。但是就市场主体的读者而言，可能更需要一种系统性的商标知识梳理，或者更需要一本放在案头随时都能翻阅，并具有实操意义的读本。

笔者在年复一年的商标业务实操服务中，结识了各界朋友。有朋友鼓励，让笔者把几十年来的业务思考和实操经验整理出来，与更多人分享。但把心里的想法用书籍的形式呈现出来，可能有一些不尽如人意的地方。因此笔者内心难免有一种诚惶诚恐之感。

好在作为一本商标业务图书，不需要煽情的文采，有用就是硬道理。只要读者能够觉得对自己企业的商标依法正确使用有帮助，本书写作的目的就算达到了。

最后要说的是，《商标实用策略》得以正式出版，得到了多位好友的鼎力支持，他们在文本体例结构、标题思考、案例整理、内容完善、词语斟酌等方面，都提供了很好的修改建议。在此深表谢意！

同时，也要借此书缘，向长期以来对作者本人的商标工作给予信任和支持的有关部门领导及企业界朋友表示衷心感谢！

作者

2023 年 2 月 28 日于武汉

特别鸣谢

吴汉东先生（中南财经政法大学文澜学院资深教授，中国知识产权法研究会名誉会长）

周涧先生（实用传播学研究学者，传播学新论"第二传播"原创者）

李春女士（中国市场监管报社主任编辑）

黄晖先生（知识产权专家，万慧达知识产权合伙人、管委会成员）

吴新华先生（北京市两高律师事务所副主任，原国家工商行政管理总局处长）

张月梅女士（知识产权专家，月梅工作室创立人，《人人都该懂的100个品牌保护常识》作者）

管家庆先生（武汉科技大学艺术与设计院院长、博士生导师）

张贤平先生（中南民族大学教授、创新创业中心原副主任）

商世民先生（中南民族大学中南少数民族审美文化研究中心教授、博士生导师）

朱福棣先生（武汉市工商行政管理局原副局长）

徐汉楚先生（湖北省工商行政管理局原处长）

郭衍槐先生（湖北省工商行政管理局原处长）

孔祥志先生（咸宁市工商行政管理局原副局长）

樊耘先生（潜江市工商行政管理局原副局长）

陈本义先生（咸安区市场监督管理局原科长）

周富裕先生（周黑鸭食品股份有限公司董事长）

柯炳荣先生（良品铺子股份有限公司副总裁）

李杰先生（武汉樱花时代白色家电有限公司董事长）

梅红运先生（武汉扬子江食品工业园有限公司董事长）

邹帅先生（武汉易城互联网络科技有限公司总经理）

镇水清先生（咸宁麻塘风湿病医院院长）

方福德先生（湖北众望科工贸有限公司董事长）

何瀚璸先生（湖北雅惠餐饮有限公司董事长）

朱明亮先生［优护优家健康科技（苏州）有限公司董事长］

夏磊先生（广州有容生物科技有限公司董事长）

龙桂玲先生（武汉味福调味食品有限公司董事长）

王勇刚先生（武汉鑫玖隆发市政工程有限公司董事长）

李世安先生（湖北食为天药业股份有限公司董事长）

明汉华女士（卓尔控股有限公司总经理）

范正洪先生（湖北省路桥集团市场总监）

丁晨女士（湖北金融租赁股份有限公司总经理）

杜丽娟女士（武汉佑达信科技有限公司经理）

戎学朋女士（北京金台律师事务所律师，原国家商标评审委员会审查员）

刘丽女士（北京腾宇律师事务所律师）

张敏女士［北京德恒（武汉）律师事务所高级合伙人，一带一路国际商事调解中心调解员］

彭英武先生［北京市道可特（深圳）律师事务所创始合伙人，知识产权全国专业委员会副主任］

朱建敏先生［得伟君尚（湖北自贸区武汉片区）律师事务所律师］

肖峰先生（北京心策传播咨询有限责任公司联合创始人）

郑丹丹女士（北京真致知识产权代理有限公司创始人）

郝成龙先生（周黑鸭食品股份有限公司法务部长）

欧阳兵先生（良品铺子股份有限公司法务部长）

邓泽先生（武汉杰士邦卫生用品有限公司法务部部长）

朱定曜先生（湖北省地理标志产品企业联合会副会长，湖北海峰知识产权代理有限公司总经理）

乐祥先生（湖北省地理标志产品企业联合会副秘书长，湖北海峰知识产权代理有限公司经理）